清末民初文獻叢刊

日游彙編

[清] 繆荃孫 著

朝華出版社
BLOSSOM PRESS

圖書在版編目（CIP）數據

日游彙編 / （清）繆荃孫著. -- 北京 ： 朝華出版社,
2018.9
（清末民初文獻叢刊）
ISBN 978-7-5054-4328-0

Ⅰ. ①日… Ⅱ. ①繆… Ⅲ. ①教育史－史料－日本－
近代 Ⅳ. ①G531.394

中國版本圖書館CIP數據核字(2018)第172845號

日游彙編

作　　者 [清]繆荃孫

選題策劃 楊麗麗　尚論聰
責任編輯 趙　倩
特約編輯 孫　開　齊　芳
責任印制 張文東　陸競贏
封面設計 劉敬偉

出版發行 朝華出版社
社　　址 北京市西城區百萬莊大街24號　**郵政編碼** 100037
訂購電話 （010）68996618　68996050
傳　　真 （010）88415258（發行部）
聯系版權 j-yn@163.com
網　　址 http://zhcb.cipg.org.cn
印　　刷 藝堂印刷（天津）有限公司
經　　銷 全國新華書店
開　　本 880mm × 1230mm　1/32　**字　　數** 78千字
印　　張 7.25
版　　次 2018年9月第1版　2018年9月第1次印刷
裝　　别 精
書　　號 ISBN 978-7-5054-4328-0
定　　價 55.00元

出版前言

中國自一八四〇年鴉片戰爭以來，傳統的農業文明在西方的堅船利炮轟擊之下徹底被顛覆，有擔當的知識分子苦苦追尋，思索社會改革的途徑。從最初的『師夷長技以制夷』到『民主制度，天下之公理』（梁啓超語），他們發現要『强國富民』，首先要『開啓民智』，衹有民衆擁有了獨立思想和批判精神，國家纔能實現真正的强大。在此後一百年的時間裏（一八四〇—一九四九），思想者們從社會變革深入到國民性的改造，用每一部作品見證着中國近代化的遞變歷程。這是一個極其重要的時代，《清末民初文獻叢刊》正是收録了這一時期的作品，大部分書籍都是早期版本，有着極高的文獻研究價值。

清末的中國經歷了『三千年來未有之大變局』（李鴻章語），大清王朝面對西方列强的艦炮，表現得驚慌失措。尤其是鴉片戰爭，使『天朝帝國萬世長存的迷信受到了致命的打擊，野蠻的、閉關自守的、與文明世界隔絕的狀態被打破了』（《馬克思恩格斯選集》）。一批士大夫知識分子，尤其是在歐美諸國擔任使臣或者游歷的知識分子最先覺醒，着眼于對西方國家的考察，進而反省本國政治制度的劣勢，可以視作『啓蒙』的端倪。如曾擔任駐英公使（兼任駐法公使）的郭嵩燾在《使西紀程》中以日記的形式記録了自己對歐西諸國的觀感，他在考察了英國的政治制度之後，發現英國政府官員收入超過三百磅者與普通老百姓一樣同等納稅，他説：『此法誠善，然非民主之國，則勢有所不行。西洋所以享國長久，君民兼主國政故也。』他明確提出了『民主』，在國家的管理問題上，人民也有參與的權利。他在該書中所披露的西方政治、經濟、文化等領域優于大清帝國這一事實觸動了保守派的神經，立刻遭到保守派群起而攻之，進士何金壽彈劾他『有二心于英國，欲中國臣事之』，他家鄉湖南的民衆對他更是痛加詆毀，以至于滿城揭帖，誣蔑他『溝通洋人』，在這種群情洶洶的情況下，朝廷最後下旨將《使西紀程》毀版，從而使該書成了禁書。然而，書雖被毀版，却不能堵死民衆的傳播與閲讀的途徑，上海的《萬國公報》依舊連載該書，張佩綸曾説：『朝廷禁其書，而新聞紙接續刊刻，中外傳播如故也。』從某種意義上來説，啓蒙是時代的需要，盡管清政府發諭旨禁了該書，民衆乃至一些朝廷大員却依舊在私下閱讀，以便瞭解外部的世界。進步的社會是開放性的，任何企圖『閉關鎖國』的努力都意味着歷史的倒退，祇有開放，與整個世界文明保持同等的步伐，纔能實現真正的强國之夢。當大批知識分子走出閉鎖的國門，親歷了文明的洗禮之後，也就把啓蒙的智識帶回了中華大地。容閎的《西學東漸記》，梁啓超的《新大陸游記》，崔國因的《出使美日秘日記》等一大批作品介紹了海外諸國的政治、經濟、軍事、外交、文化。雖然這些作品在認識上仍然帶有時代的局限性，然而却是那時最爲珍貴的聲音。

另一方面，在學術上，中國文化母體内『經世致用』思想與資産階級思想相結合，也喚起了變革，以康有爲、梁啓超爲首的改良派試圖通過自上而下的革新以實現變革。康有爲的《新學僞經考》《孔子改制考》就是借經學之表論資産階級學説之裏的著作，康有爲的弟子梁啓超更是通過《新民説》一書提出國民性改造。與早期啓蒙者『師夷長技』的器物文明引進不同，梁啓超上升到形而上的精神領域，從文化心理上更加徹底地進行變革。梁氏是清朝末年到民國初年一個橋梁式的人物，被譽爲『輿論之驕子，天縱之文豪』，其影響力不但在學術領域，同時還在文學領域，他所倡導的『詩界革命』得到了譚嗣同、黃遵憲、丘逢甲等人的響應，黃遵憲的《日本雜事詩》，丘逢甲的《嶺雲海日樓詩鈔》都體現了這種主張。這一主張要求反映新的時代和新的思想，用『我手寫我口』（黃遵憲語）的方式直抒胸臆，對長期占詩壇主流的擬古主義、形式主義產生了巨大的衝擊，解放了寫作者的心靈和頭腦。

與社會變革同步的是早期對西方思想著作的翻譯，這裏面影響最大的是嚴復，他翻譯的《天演論》《社會通詮》等書直接孕育了民國一代的知識階層。魯迅、胡適等人在文章中都曾提到《天演論》對他們思想所產生的震撼。與嚴復略有不同的另一位翻譯家是林紓，他的譯作雖然參差不齊，但却在更細膩的心靈層次對讀者產生影響，許壽裳曾回憶，他和魯迅都熱衷于林譯的小說，如《巴黎茶花女遺事》《黑奴籲天録》《迦茵小傳》等作品。

辛亥革命之後，進步社會思潮成爲主流，比之清末思想啓蒙者『求存』的追求，民國以來的知識階層深入到了更加細微的肌理，一方面呼喚社會變革，另一方面進行點滴的建設，革命并不能使所有的一切一蹴而就，在更加深廣的領域，事物的改變是由微觀而宏觀。通俗地說，比之于革命，建設的意義更大。如《中國商業史》《中國教育史》《中國倫理學史》《中國哲學史大綱》《中國小説史略》等一大批作品都是進行系統的梳理與建設的理論作品。其中，以胡適和魯迅二人的影響最大，他們的作品一紙風靡，從而成爲新文化運動的主力人物。

《清末民初文獻叢刊》收録的文獻大致上可以分爲三個階段，其中龔自珍、張之洞、魏源、郭嵩燾、薛福成等人的作品可視爲『早期啓蒙』，康有爲、梁啓超、黄遵憲、嚴復、林紓等人的作品可視爲『中期啓蒙』，胡適、魯迅、蔡元培等人的作品可視爲『晚期啓蒙』。當然，這種劃分并非嚴格意義上的，大部分啓蒙思想者隨着時代的變化，其思想在不斷進步。縱觀整個近現代史，可以發現，要求變革不是在某一個領域，由某一類人發起和完成的，而是全社會的要求。

變革，已經成爲全社會的共識。

從清末民初的文獻中，我們能够發現一種豐富性。這些作品涉及政治、經濟、軍事、教育、外交、宗教、心理、情感等方方面面，從内而外地净化着中國兩千年以來的封建積習。它不祇是對社會的改造，更是對人心靈的重塑；它首重國家社會之建設，同時亦重靈魂心智之唤醒；它是宏大的，也是微觀的；它是嚴肅莊重的，也是活潑靈動的；這些作品結構精巧，思想内容深刻，擁有濃厚的人文主義色彩，對推動社會主義建設，實現中國夢有重大意義，是近現代中國一百年來最宏富的智識與情感的寶藏。因此，整理這些文獻作品，無論是出于資料保存的目的，還是爲圖書館提供資料副本，都有不可估量的意義。

特定時代下的文獻，當它一旦形成（既指草擬，創作的完成，也指其成爲一個載體），就不可再複製了，也就意味着它將面對消亡。對于文獻資料而言，越接近歷史事件發生的時代記録，越具有研究價值。文獻本身具有不可再生性，它衹會消亡，而不會增多。盡管文獻本身的文字可以保留下來，并進行傳播，却失去了當時的時代氣息。當時的作品可能在技巧上，文字的成熟度上不及當代，但它所負載的信息，創作者的情感都反映了當時的歷史，也就是説，它具有不可替代的歷史意義。

影印的版本有三個特點，第一是擁有文獻的『原始性』；第二個特點是『未經改動的』；第三個特點是『歷史的原貌』。所謂『原始性』，也就是説，它是第一手資料，而非轉述的，回憶形成的；『未經改動的』，是指未被篡改、删節、挖補的；『歷史的原貌』是指在影印製作過程中，完全依照文獻的原來模樣……這樣製作出版的作品，無异延續了文獻的壽命。

近現代思想史上的一個最重大的思潮就是『開放』，從林則徐的『開眼看世界』到蔡元培的『兼容并包』，都是在倡導一種開放式的胸襟。而《清末民初文獻叢刊》最有魅力的部分就是『開放』這一主題，衹有融入到世界文明發展的進程中，中華文明纔能歷久彌新。

《清末民初文獻叢刊》編委會

二〇一七年四月十四日

凡例

一、《清末民初文獻叢刊》（以下簡稱『叢刊』）爲影印本，舉凡所用之底本，均爲該書之早期版本。有清末刊本，亦有民國印本。

二、《叢刊》均依底本影印，未予删改，僅代表作者個人觀點，不代表官方立場；原刊本有誤，不予校改，以保留文獻之原貌。

三、《叢刊》所用之底本，因時日久遠存在漫漶的情况，均進行了修復；底本闕文、印刷不清，均保留原貌。

四、爲讀者閱讀之便，《叢刊》中之舊底本目録未標記頁碼者，編了目次；原底本有頁碼和目録，未予重複編目。

五、爲保持文獻的原始風貌，影印本保留了原書書影（原書爲多册，則保留第一册書影）、扉頁等信息。所用底本無相應信息者，則不予妄添，以免錯訛。

目録

日遊彙編

柳詒徵著

高等學堂

聖清撫定區宇二百餘年闓澤深仁史册罕見特以地大則易生隔閡八眾則難於防範積弊所叢遂形貧弱補救之法亦惟作人於學而已近數十年取法於泰西觀型於瀛東而日本以同文接壤變法自强革故鼎新之跡尚可追尋帆影輪聲往游日眾記載亦日出上虞羅叔藴振玉有扶桑兩月記安徽李蔭柏宗棠有考察日本學校記南海關穎人賡麟等有參觀學校圖記甯鄉陶榘林森甲有日本學校章程彙編桐城吳汝綸有東游叢錄各學規模無不詳矣然荃孫東游時南皮師囑之曰考學校者固當考其規制之所存尤當觀其精神之所寄精神有不貫規制亦徒存耳然則求學於他國固當先取吾國所當效法者尤當先取吾國近今所能效法者毋好奇毋躐等循循善誘以底於成庶有益乎日本學校中學以下功課皆疏講解皆淺淺則人能普及疏則不爲畏途良法也中學以上人習一門日只一時全憑自修以徵心得無課本以限之無歧途以誘之

亦良法也惟中學及高等學二校學生年十四至廿歲精力湛足奮發有爲各門學問由淺以及深由難以至易其科目與小學相彷其程度比小學自深六年之中一則以受普通教育之全一則以趨專門學校之漸爲學校中所最注意者我國開學四十年刱始於福建人才亦惟福建爲最左文襄沈文肅二公識裕才優心精力果其精神所注專以實學爲主使之各擅其長惜乎用之不當摧折者半溺於所嗜自棄者半而矯矯傑出之士猶足與西人相頡頏若京師同文館若北洋若廣東互有得失至南洋公學而流弊不可勝言矣此後辦學堂者當注意實學爲宗旨一切自由平權之邪說不禁自絕無論何人不可有虛縻之歲月無論何事不可無嚴整之規條盡吾一心而毋畏難博采衆說以期盡善成敗聽之天毀譽聽之人無他術也彼詆之者曰此奴隸學堂也此野蠻學堂也然而不奴隸於中國轉奴隸於外人野蠻其性情抃野蠻其裝束狂噬同於國狗

善罵等夫山膏何足以阻興學之志哉謹編次講義一卷游記一卷表二卷以代口述至所述之規制仍無異於他人也光緒廿九年歲在癸卯六月江陰繆荃孫識

水

高等師範學校校長嘉納君所講

教育大別有三。普通教育。實業教育。高等專門教育是也。師範教育與普通教育。大致相近。閣下此來。注意普通與師範。故余爲閣下演說。亦特詳於此二者。至專門實業教育。可約略言之。

普通分小學中學高等女學三門。小學分尋常小學高等小學兩門。師範分高等師範尋常師範兩門。高等師範又分男子高等師範女子高等師範兩門。尋常師範。所以養成小學教員。高等師範。所以養成中學教員。各種教育年限及科目。各書所載甚詳。公等諒已習聞。余可不論。

凡講教育。宜先定其目的。普通教育。在養成全國人民之精神德業。以爲萬事之基礎。故欲求將來之發達。必先愼施初級之教育。

初級教育。最重德育。德育者。以箇人所當知當行之理。編爲課程。以教小兒者也。敝國初級教育。限四年畢業。全國人民。無論男女。皆須入學受此教育。故此四年最爲喫緊。箇人所當知當行之理，皆於此四年教畢。

貴國數千年來講求道德，冠於亞東。然儒者著書，不屑爲凡近之語，其弊轉在高深。故貴國儒家之書，養成高等專門理學家則有之；至於使箇人皆知道德，則未之有也。

德育之當重，不獨關繫一人之行業已也。國家富强之基，實肇於此。如以兵事論，全國人民苟皆受道德教育，則徵兵籌餉，人人皆躍然有保衛國家之意。否則愚民於國家情意渙散，不相維繫，驅之使戰，非畏葸不前，即怨望爲亂，國何以强。不獨兵也，即將帥亦然。將帥統兵，本爲專門之學。然使爲將者於幼年未受德育，無愛國之心，則其後雖才智過人，有兵家專門之學，一旦有事，仍不能忠勇奮發，激厲兵卒，以衛疆土也。

不獨將帥，即農工商亦然。農工商之學，所謂實業教育是也。爲農工商者，固必受實業教育。然其先必須受普通教育，學問方有根柢。設爲農工商者不知道德。於實業亦難進步。如貴國工商素稱繁盛。然至今日未能發達者。由治實業者初未受普通教育也。

人之患莫甚於自私自利之見。此患各國人皆有之。敝國諸教員爲教科書受賄事。亦坐此弊。故敝國近來諸教育家。極注意於德育。德育不講。人皆貪黷。其害匪淺。

人之有德。猶樹之有根。樹生於山。枝分葉布。其根深也。人居於國。行成名立。其德厚也。語云。先入爲主。小兒受學。第一須以道德爲之基礎。幼年不知道德。長成而强制之。難矣。

德育書宜取最淺最近之理。使人人皆能領略。閣下主張教育。可於回國時。準此意編定小學修身之書。予去歲在貴國。曾爲張宮保言之。

小學年限。不宜過長。敝國尋常小學。現限四年。教育尚不能普及。緣年限太長。國人不能遍入小學也。貴國初開學堂。勢難驟期教育之普及。然年限總宜短少。庶人人皆能入學。皆知道德之大要。

道德與法律相對待者也。天下萬國法律各有不同。然所以設此法律者。皆不外禁人爲惡之意。夫人民未受德育。何以知善之當爲。何以知惡之當去。國家不教。而徒設法以律之。是罔民也。故有道德之教育。方有法律之罪人。

教育之益。隨在可驗。今以五七齡之童子。應門肅客。苟未受教育。則其待客之禮貌。聆客之言論。必不能如曾受教育之童子之詳盡。又如工人造屋。惟主人之命是聽。爲主人者。或尚舊法。或喜新法。所造各有不同。工人曾受教育。即能推陳出新。如人之意。未受教育者。只能死守舊法而已。

教小兒之法。宜使之樂於聽受。方能啟其心思。養其腦力。貴國向來教學。專重記憶背誦。其法非不切實。然於教小兒甚不相宜。小兒祇解眼前之物。不能憑空思想。如教小兒算術。即須以尋常用物數目示之。教小兒地理。卽須以縮小地球示之。務使小兒爲學。視爲游戲之事。一無苦楚。而所教之事。所引證之物。無不明白曉暢。則四年所教。無一句無益處。如止責其背誦。小兒苦其難學。雖受數載教育。必不能有成也。

普通教育。不獨使小兒知成人之道德。且須使之於世界萬事萬物。皆知大概。所謂智育是也。

智育首重算數。而教算數之義有二。一則使之知事物之數。皆有法以御之。一則使之練習腦力。圓美精細。長而處事。無鹵莽疏忽之弊。

小學何以有圖繪一科。緣天地間有無限美善之物。人皆愛之。而恆患不能取攜。學者既能圖繪。則各種美善之物。皆可摹寫。以啟高尚之思想。

何以教物理。譬之植物有花。人皆知之。而花之根本。花之枝葉。花之果實。何以生。何以成。非受教育不能知也。又如動物自蟲類至獸類。或至微。或至鉅。分無數等級。人爲動物之一。而獨具靈性。超然於諸級之上。普通學講明此理。可以使小兒知人之所以異於物者何在。卽觀念之益也。

且因物理可通生理衞生學。人身爲多數機關搆造而成。又有微生物具於氣血之中。人能通知物理。自知保衞軀命。享健康之樂。未知物理者不能也。

凡物皆由原質化合。人旣欲知物理。卽不可不講化學。講明化學。則凡物之原質。皆可考見。如製造火藥等類。常人視之。極爲奇異。苟知原質化分化合之說。則不難解矣。

普通學有地學一科。地學中又分地質地文兩種。學者講明地質。則於各種礦石及海底所生蟲草。皆可悟其原理。

人欲知我國在地球居何等地位。則地文不可不講。舉凡人文地理。地文地理。一一攷察。較之各國。自知我國山川人物農工商業。現居何等國家進化。實由於此。

講求歷史。則知我國從古迄今之所由來。且可與各國歷史參較其何者相同。何者大異。其同異之事。遠因若何。結局若何。中間變幻層折若何。將來涉世。於民生國計。皆有準則。

且考究歷史。可以分別人種。學者知我國人種與他種不同。卽可因以生愛國之心。貴國歷史與敝國不同。敝國皇統緜緜。歷千萬禩而不易。貴國一朝有一朝之史。古今若不相屬。然總之須養成一種愛國心。讀貴國之歷史。可以知世界最古最大之國。莫如貴國。今雖積弱。不可不勉躋富强。則歷史卽富强之根也。

普通學苟未全。則入高等專門學校也。必難成就。猶造屋而基礎不固。必不能爲五層之樓。卽使勉强從事。亦必有棟折榱崩之患。

貴國現辦學堂。鄙意宜先辦小學與高等師範。葢師範卽小學之母也。高等科目。宜先講文科理科各學。法醫二科。尤爲要務。或於大學置此科。

師範乃特別教育。不獨教普通學問。須教至高等學問之要點。
師範之學。以年爲準。如教六七歲之學生。應用何等學問。卽須教何等學問之師範生。教十一二歲之學生。應用何等學問。卽須教何等學問之師範生。故師範之特質。在各種淺深之學。皆當講求。
師範又有一種特質。卽樂於教人是也。教師範生者。須使學者既講求普通之學。又樂於以此教人。始不背師範教育之目的。
大凡治實業者。懋遷有無。一旦卽可坐擁厚貲。學專門者。簡練揣摩。計日卽可洊擢高位。唯小學校教員不然。一學師範。卽有所謂義務教育。畢生勤苦。訓誨教授。而充其所至。必不能如實業家專門家所獲之豐。夫人孰不樂豐衣肥馬高官厚祿。而甘爲此清苦之教員。故師範爲人所不樂學者情也。人情若此。勢必予教員以厚脩而後可。然卽以日本論。全國小學。不下數萬區。使此數萬區之教員。皆必酬以厚脩。則財力有所弗逮。故教

員之不能得厚俸者、勢也、

國家之盛衰、視國民之愚智、國民之愚智、視教員之賢否、今以少數之俸給、俾教員以絕大之任寄、非有善教人誰樂從、故師範教育必使學者遺棄世俗榮利之見、勤懇儉樸、養成一種高尚思想、苟爲不然、則師範教育必難發達、

凡人欲望、約分二種、一種形體之欲望、一種精神之欲望、形體之欲望往往與精神之欲望反對、絕去形體之欲望、則精神之欲望自然奮發、教育者、即精神之欲望也、師範教育、宜使師範生絕去形體之欲望、縛一精神之欲望、庶中小學校之學生、皆受其益、

教育之事、在常人視之、極爲無謂、而在教育家觀之、則宇宙最大之事業、無有踰於此者、試以軍事家論、軍事家戰勝攻取、以衛國民、所繫可謂重矣、然軍事家所保全者、數十百年已耳、數十百年以後、其功業泯滅殆如

白駒之過隙、人民所享之幸福、非復曩之軍事家所造就矣、譬之貴國漢高祖光武唐太宗元太祖諸人、豐功偉業、非不震爍一時、然時移代易、則其澤斬焉、孔子一布衣、講求教育、萬世之下、學者宗之、蓋教育家之支配人心、其用迥出諸家之上、人類苟不滅、其教斷乎無絕期也、不獨中國即歐洲人亦若是、以昔之梭格拉底阿里士多德斯賓塞諸人之榮盛、較之亞歷山大拿破侖、其相去何可以道里計、然而亞歷山大拿破侖之功業往矣、梭格拉底阿里士多德斯賓塞之功業、至今猶在也、教員悟此、自知教育為唯一之偉績、舉斯世之榮利、均不足以動其心矣、

昔有弟子詰其師曰、世界之事多矣、若政治、若法律、若經濟、若農、若工、若商、何一不可發名成業、先生何一切不顧、獨措意於教育乎、師曰、子言誠是、然吾試質子、吾曩者教子之學、與子今日所治之事、其亦有相接之影響乎、弟子曰、某所治之事、固無一不由先生教也、師曰、子知此則知吾所

以措意教育之故矣。子所謂政治法律經濟以及農工商之實業，皆一人之事也。一人治此事，則亦止於此一人而已。吾專事教育，雖於一己無非常之榮利，然舉子所謂政治法律經濟實業諸家，皆賴吾之教育以有今日，則是以一人而包孕數百千萬人之事業也。世界之事，孰有大於此者。教育之樂，雖與形體之欲望不同，然人之精神，大率具有此樂。譬之場師講求種藝，日視其卉木之滋長，則欣然樂之。又如牧人究心芻豢，日見其牛羊雞犬之小者大，弱者壯，稚者字，少者多，鮮有不興會勃發者。教育家以學授人，使人能發榮滋長，是亦養成高等之動物也。其爲可樂，視場師牧人又何異乎。

且凡事有利於己，必有損於人，惟教育不然。譬之漁師捕魚，卝人採金，此占多數，彼必居其少數。教育家則多教一人，卽使他人多獲一人之用，故人皆樂其教人，而不慮其損已。

多設師範學校以教國民、乃國家第一要義、歐洲強國、若德若法、師範學校最多。教法亦極完善、儆國興學卅年、尙不能及貴國辦學堂、能多設師範學校、教育方有端緒、雖多糜金錢、亦不足惜、

初等師範、教科與中學大致相近、惟多教育學教育史及教授法管理法心理學諸科耳、教師範生、須先講明教育學大概、然後講教授法管理法、次及心理學。心理學視諸科尤爲重要、

管理法與教授法相連、而管理所包者廣、非若教授法祇屬教生徒一端也。學校中不獨學生有事須取締。凡關於校中之事、皆須有法以董之、

管理法不可泥定、須視學校之特質而設、如法律學校、則注意於法制、陸軍學校、則注意於軍事、逐步改良、方爲善法、

管理法有二目的、一則管校中各事。一則管學生各事、校中各事。如核分數、定功課、募生徒、用教員、配教授之時刻、定學生之食息、皆是、學生各事、

如出學入學上班下班一應規矩皆歸管理者督率聚多數之生徒以一師教之其中強弱不齊馴劣各異非有善法不能統一故師範生必知管理法

師生講授期於融會貫通教一人而他人不明授一科而諸科未達非良師也故師範生必治教授法

敝國學制小兒自六歲至十四歲謂之義務學年凡入學滿一年爲一學級各處小兒入學者多一校之學生往往分數年之學級故尋常高等小學又分單級多級二種一校有數師一師任一級者謂之多級小學一校僅一師一師教數級者謂之單級小學

單級小學之教法頗多困難爲教員者當以學生之年限分學生之坐次或一二年或三四年以次分班毋或紊亂其授課程亦當分析層級隨時變通如教一年生習字則當其摹寫時即可以讀本授二年生三年生讀

書三年生卽可學誦教員乘其暇又可授四年生算數以此類推則教員可不勞而諸生皆受教矣

師範學校尋常高等之外又有實業師範昨渾言兩種師範今可析言之實業師範與初級師範不同初級師範祗學普通學實業師範則一壁講求實業一壁研究師範故實業師範不啻合實業學校與師範學校而爲一校也歐洲各國有實業師範學校敝國現尙無之實業學校所需教員多取之於各實業學校中之教員養成所如高等工業學校高等商業學校之教員養成所是也

實業學校與專門學校無大差別現所以分實業與專門爲二者凡教地產上之學問者謂之實業學校如農工商是其非地產上之學問若美術音樂郵便電信以及海陸軍之學校皆謂之專門學校

商業學校所教科目爲商業道德商業歷史商業地理商品學物產學商

業簿記、法制、經濟、銀行、諸科、凡有關於商業者、皆教以大概、使之立商業之基礎。

農業學校、所教專重農事、旁及家禽學、農藝化學、山林學、水產學、山林學有另爲一學者、有附於農業學校者、水產學初等附農業、高等另爲一學、高等初等中、均分二種、一近海、一遠洋、近海者止行沿海、俟魚至則捕之、遠洋者、求魚出產之區、往往遠涉重洋、近海學又分三種、一捕魚、二魚盡而種子、三製爲罐魚。

工業學校、所教若織布、燒磁、電氣化學諸科、不可枚舉、凡止知以電氣化學製物者、歸之於工業學校、至電氣化學之原理、則工科大學有專科教之。

工業有造船一科、現敝國有商船學校、專治此學、工科大學亦有造船學

美術學校、有繪畫、雕刻、髹漆諸科、所以研究各物由麤惡而精美之術、以

啟人高尚之思想。故校中製物。皆極精美。其製尋常實用之物。則歸之工業學校。

音樂學校。所教概屬西洋之音樂。敝國之音樂。僅供參考而已

醫學校分別甚多。有婦人科小兒科產科等類。然大要不外貴國所謂內科外科也。敝國維新之始。卽遣生徒至歐洲學醫科。故醫學最爲發達。專門學校之外。帝國大學亦設醫科。世界各國醫學。以德國爲第一。次則敝國。餘不及也。

專門學校若政治法律經濟文史諸學。敝國尙無官立者。惟私立學校有之。早稻田大學。卽專門之學也。

帝國大學。分爲六科。大要目的有二。一則造就實用之人材。一則研究高等之學理。如法科學生。講求法律。卒業之後。或爲辯護士。或爲高等官。皆實用之人材也。學士博士。研究法律。著書立說。則高等之學理也。理文諸

科亦復若是。然二者之中。專重學理。不重實用。實用之人材。取之各種專門實業學校。已敷國家之用。大學惟在養成高等教員。以成純粹之學質而已。

法理醫文四科。各國大學皆有之。其中或合理文爲一。或析爲二。微有不同。然總不外此四科。至工農二學。則惟敝國大學有此科。歐洲各國無之。蓋工農之實用。高等學校已具。其中精理。可於理科研究。大學無庸另設也。敝國所以設此二科者。不過取學科之完備而已。

分科大學。實係合六專門而爲一校。議者多疑此六科者。何不各爲一校。不知此事原有二因。一則各國相沿之法。皆合諸科於一校。故日本興學。亦仿行之。一則專門之學。務取貫通。若各爲一校。則治工業者。祇知製造。治農業者。祇知樹藝。此外學問。一無所知。於原理實用。皆有隔閡之處。故必合六科爲一。使學者於專攻之暇。旁搜博攷。則所見富而所得多矣。

大學經費至爲浩繁。如工科理科所須器具甚多。苟不完全。卽不足稱大學。故大學所糜經費。有倍於六專門之校者。

但凡設立大學。須有層級。不可躐等。如小學生徒卒業。升入中學。中學生徒卒業。升入高等。則高等之上。自必設立大學。若中小學尙未立。便欲立大學。則雖名爲大學。其實所教者無異中學校高等學校之功課。徒糜經費甚屬無謂。

以上所講。皆文部省直轄之校。至海陸軍學校組織。則與文部所轄不同。海軍有海軍兵學校、海軍機關學校、海軍兵學校。所以養成將校。機關學校所以養成機關士。凡中學卒業者。皆可入之。二校學生卒業。皆可任海軍之職。如求爲海軍大將。則入海軍大學校。

陸軍有士官學校。及幼年學校。幼年學校。與普通中學程度相近。而重在爲陸軍之豫備。幼年學校卒業。卽可入士官學校。士官學校卒業。卽可任

陸軍之職、如欲爲參謀部官、則入陸軍大學校、

貴國應辦學堂、中學小學最要、次則實業、又次則海陸軍、蓋實業學校多、則出產盛而製造興、爲國家致富之基礎、海陸軍學校多、則兵制精而將才足、爲國家自强之基礎、皆不可偏廢者也、

又其次則法政經濟學最宜講求、國所與立、在法律與政治、而經濟尤爲治國之本、貴國於法律政治、近雖頗有學者、然不過繙閱新譯之書、稍知大概而已、欲興此學、仍宜立學堂以教之、

法政經濟學校之外、醫學亦不可少、貴國古來專門醫學甚多、近來則罕覯精研醫理者、衞生一道、缺焉不講、每遇天氣不時、則瘟疫盛行、此事於國民之盛衰、關係匪淺、

貴國如欲立農工專門學校、目下可不必定求完備、先就普通實業上講求、嗣後自有進步、

予去歲游杭州時，聞浙省設立養蠶學校，均用新法，甚佳，若能逐漸推廣，切實舉行，貴國由此致富，必可操券。

至高等師範學校，可設文理專修科，一面造就中小學教員，一面造就文理學士，數十年後，教員既足，學士亦多，再合實業學校高等生，貢之京師，聚於一校，卽與各國分科大學無異，此節費而核實之辦法也。

倣國學制以上所講略備，至學校種類，大別有三，卽官立公立私立是也。

官立者，政府以國家經費設立，如帝國大學高等學校以及農商諸實業音樂美術諸專門之校，皆是此類學校所用經費甚鉅，非一人一家所能創辦，而又有不能不設之勢，故悉屬於中央政府，以便籌措經費。

公立者，府縣郡町村市所立之校，如師範學校中學校高等女學校高等小學校尋常小學校皆是，廣土眾民，不可以無教育，國家又不能籌此巨款，爲各處徧立學校，故高等以下之校，歸地方自籌經費立之。

公立學校有兩種、一則遵政府之命而立者、一則因地方之宜而立者、如該地已遵政府之命、設中小學一所、而生齒繁盛、向學者多、自必添設中小學、即所謂因地方之宜而立者也、

私立者、非國家所必設之校、其經費皆有財力者籌之、但國家與地方、亦有賴於私立學校之補助、

小學校爲全國人民所必不容不入者、故謂之義務教育、以敝國全國小學計之、大抵公立者多、其學習院附屬之小學校、華族女學校附屬之小學校、則官立也、

中學校高等女學校、雖有私立者、然大抵公立者多、

官立學校、大都轄於文部、公立學校、大都轄於府縣郡町村市之長、府縣郡町村市之長、亦皆受命於文部、

文部首領爲文部大臣、大臣之下、有總務長官、受大臣之命令、總持各種

學務總務長之下、有局長、局有三、一專門學務局、二普通學務局、三實業學務局、局設一長、以領學務、局長之下、又有參事官、書記官、秘書官、視學官、圖書審查官、衛生顧問等官、

府縣有知事、主地方行政之事、而兼管學務、另有視學官、則專管學務者也、府縣視學官與郡視學官微有不同、府縣視學官、管理學務、兼有教育行政之權、郡視學官、則無行政之權、

地方行政官、至郡長而止、郡長之次有市長町村長、皆由地方公舉、非國家命官、

教育行政機關大略如此、時日迫促、不能細述、俟遍觀各校再詳言之、

文部省直轄諸學校沿革表之一

	東京帝國大學	西京帝國大學	高等師範學校	女子高等師範學校	札幌農學校	高等商業學校
明治元年	以德川氏之開成所爲學校		以德川氏之昌平所爲學校			
二年	改隸昌平坂大學稱大學南校		以昌平學校爲大學校尋改稱大學			
三年	選學生留學海外		閉大學暫停教授事			
四年	改稱南校隸文部省		廢大學置文部省			
五年	改稱第一大學區東京第一中學		以舊大學爲師範學校授小學校授業之法		設農學校于東京芝增上寺稱假學校	

六年	改稱開成學校置法理工藝礦五專科遷于神田區		設附屬小學校改稱東京師範學校			
七年	改稱東京開成學校		編制學科分本科豫科	新設東京女子師範學校于本鄉區	設農學專門科	
八年			設中學師範科	皇后賜內庫金五千圓	移假學校于北海道稱札幌學校	森有禮私設商法講習所于東京尾張町
九年				分本科豫科設附屬幼稚園	大改學制定學期爲四年卒業生稱農學士設豫備科改稱札幌農學校	移于木挽町改爲府立商法講習所
十年	與東京醫學校合爲東京大學置法理醫文四科					

十一年				設保姆練習科及練習小學校		
十二年	醫學校舍成		分學科爲豫科高等豫科本科	始授卒業證書		
十三年	置法理文三部學士研究科			廢保姆練習科編入本校課程		
十四年				改練習小學校爲附屬小學校		廢商法講習所尋復之
十五年			召集府縣小學師範科取調員		歸北海道事業管理局管理	
十六年			募集府縣選舉師範生徒	廢豫科設附屬高等女學校改附屬小學校爲附屬女兒小學		

				校		
十七年	遷本學事務室及法文學部於本鄉區					改稱東京商業學校直轄于農商務省
十八年	併東京法學校于法學部		併東京女子師範學校于本校	併于東京師範學校稱東京師範學校女子部		改轄于文部省併東京外國語學校附屬高等商業學校稱東京商業學校
十九年	改稱帝國大學分大學院及法理醫文工農六科大學		改稱高等師範學校置體操專修科	改附屬高等女學校爲高等女學校	直轄于北海道廳	以木挽町舊校爲商工徒弟講習所附屬本校大藏省所屬銀行事務所亦屬本校稱銀行專修科定本校教科爲尋常高等二科

二十年					置工學科及農藝傳習科	改尋常高等二科爲本科豫科改稱高等商業學校改附屬銀行專修科爲主計專修科
二十一年	工科大學建築成置編年史掛		改附屬小學校爲附屬學校			
二十二年	理科大學建築成		東京教育博物館附屬本校		置兵學科改豫科爲普通學科設補充科	改稱主計專修科爲主計學校
二十三年	建農科大學置地誌編纂掛		析本校女子部以附屬學校之女兒小學校及幼稚園附屬女子高等師範學校	改稱女子高等師範學校不屬高等師範學校	以兵學卒業生爲屯田兵見習士官	改商工徒弟講習所爲職工徒弟講習所從本校移于東京職工學校廢補充科
二十四年	併編年史掛地誌編纂掛稱史誌編纂掛					

二十五年	帝國圖書館成			設附屬小學校幼稚園分室		
二十六年	定分科大學講座廢史誌編纂掛		東京音樂學校附屬本校稱附屬音樂學校		改轄于文部省	廢附屬主計學校
二十七年				置撰科		
二十八年	置史誌編纂掛于文科大學		置國語漢文及英語專修科			
二十九年	醫科附屬病院及工科諸教室成		改附屬學校爲附屬尋常中學校小學校第何部置地理歷史專修科	置專修科及保姆練習科	設本科之外農藝專習科廢工學科及豫科	修改學科

三十年	改稱東京帝國大學	置京都帝國大學分法醫文理四科	置私費專修科及臨時官費專修科	改學科爲文科理科	設土木工科	設附屬外國語學校設專攻科
三十一年		置工科於理科		置研究科	設豫修科	
三十二年	始授分科大學卒業證書	定各學科講座	增置官費專修科析附屬音樂學校	置技藝科	改農藝傳習科爲農藝科設森林科	設附屬外國語學校稱東京外國語學校
三十三年			增置官費專修科	置國語漢文專修科及地理歷史專修科		
三十四年	醫科工科諸教室成		增置官費專修科			
三十五年	醫科及法科各教室成		改稱東京高等師範學校增置官費專修科			改稱東京高等商業學校設商業教員養成所

三十六年

文部省直轄諸學校沿革表之二

	第一高等學校	第二高等學校	第三高等學校	第四高等學校	第五高等學校	第六高等學校	第七高等學校造士館	山口高等學校
明治元年			設舍密局于大阪					
二年			開舍講物理化學二科別設洋學校授英學普通科					
三年			舍密局洋學校共屬于大學尋改舍密局爲理學所洋學校爲開成所					

表 五

四年			合舍密局于開成所新築校舍成				以毛利氏舊昭倫館文學算學寮爲中學校尋改爲變則小學
五年			改稱第四大學區第一中學					
六年			改稱第三大學區開明學校					
七年			改稱大阪外國語學校尋改稱大阪英語學校				廢變則小學改設巴城鴻城二高等小學
八年	設東京英語學校							

九年			設和漢學科				
十年	改稱大學豫備門設法理文學諸科屬大學管理		置數理化學專修科				
十一年							鴻城學舍改稱山口中學巴城學舍改爲中學荻分校
十二年			改稱大阪專門學校置理醫二專門科				
十三年			改稱大阪中學校設邦語英語二學科				以山口荻兩私立學校爲縣之中學

十四年			廢邦語科					
十五年	設醫學豫備門		改英語科為大阪中學校附屬英語科					
十六年	置英語專修科							
十七年			授步兵操練科				設鹿兒島中學造士館	以荻豐浦德山巖國四中學校為山口中學之分校山口置初等高等二科分校置初等科

十八年	十九年	二十年	二十一年
解大學管理直轄于文部省法學校豫科及外國語學校佛獨兩語學校生徒隸焉	改稱第一高等中學校	設醫學部于千葉縣	分本科爲三部
		設第二高等中學校于荒置醫學部于仙台	移校舍于宮城
改稱大學分校以理文二科爲本科別置豫備科	改稱第三高等中學校	設醫學部于岡山	分本科爲二部一部課法文二科一部課工科
		設第四高等中學校于金澤別設醫學部	定學科爲本科豫科補充科
		設第五高等中學校于熊本分本科豫科醫科三科	設醫學部于長崎開尋常中學校長協議會
		改稱鹿兒島高等中學造士館直隸文部省	定學科爲本科豫科補充科
課步兵操練	移本校于新築校舍	改稱山口高等中學校直隸文部省	別設一校于山口與荻豐浦德山巖國同爲高等小學別科

二十二年	遷校舍于本鄉區	移本校部及醫學部于片平丁	設尋常中學校長協議會移校舍于京都		遷校舍于飽田郡			
二十三年	開東西南北四寮俾生徒入舍附設藥學科	附設藥學科	移醫學部于新校開設法學部附設藥學科	附設藥學科	附設藥學科行開校式			
二十四年		開校			醫學部新校舍成			
二十五年		置和漢英文數理學部設寄宿舍		移本校于新築校舍設佛語科				
二十六年		設農林學科		廢補充科設時習寮行校舍落成式				

	1	2	3	4	5	6	7	8
二十七年	改稱第一高等學校定大學豫科規程	改稱第二高等學校	改稱第三高等學校定大學豫科課程	改稱第四高等學校定大學豫科規程	改稱第五高等學校定置大學豫科課程			改稱山口高等學校定大學豫科規程
二十八年	定學科課程	定大學豫科課程						寄宿舍成
二十九年				動植物實驗室成	廢舊豫科		廢尋改爲縣立尋常中學造士館	
三十年			再置大學豫科移本科于二本松之地		設工學部			
三十一年		定豫科三部之學科課程	寄宿舍成					
三十二年		設歷史地理學部	廢法學部					

三十三年			廢工學部	廢佛語科專修英獨二國語		設第二高等學校于岡山置大學豫科	
三十四年	析本校醫學部爲千葉醫學專門學校	析本校醫學部爲仙台醫學專門學校	析本校醫學部爲岡山醫學專門學校	析本校醫學部爲金澤醫學專門學校	析本校醫學部爲長崎醫學專門學校		改稱第七高等學校造士館置大學豫科
三十五年			設臨時教員養成所				
三十六年							

文部省直轄諸學校沿革表之三

	千葉醫學專門學校	仙臺醫學專門學校	岡山醫學專門學校	金澤醫學專門學校	長崎醫學專門學校
明治元年					以舊設之精得館爲長崎府醫學校
二年			岡山藩設醫學館及大病院于備前國		招荷蘭人教授數學物理等學科
三年			更設小病院于岡山尋廢藩置縣設普通學校設醫學館爲醫學所附屬普通學校		
四年					改稱長崎醫學校

五年			合醫學所病院爲醫學教場		
六年			移病院于岡山榮町		設獨逸羅甸語學科
七年	三井組倡設病院于千葉縣				廢醫學校更爲蕃地事務支局病院
八年					更設病院
九年	於千葉縣廳新築病院改稱公立千葉病院設醫學教場授學		改稱公立病院		設醫學場于病院內養成生徒
十年					

十一年					改稱長崎醫學校
十二年			改稱縣立病院移于弓ノ町		縣立病院充生徒實習
十三年			改稱岡山縣醫學校		新築病院落成
十四年					
十五年	改病院之組織更置縣之千葉醫學校及附屬病院				
十六年			移校舍于山下西丸文部省定爲醫學校		文部省定爲甲種醫學校

十七年	病院落成
十八年	廢醫學校
十九年	設第三高等中學
二十年	置第一高等中學校醫學部于千葉假用縣立醫學校之地所建物 置醫學部于中學校 設第四高等中學醫學部 置第五高等中學校醫學部于長崎
二十一年	廢縣立千葉醫學校及附屬病院更置縣立千葉病院 第二高等中學校創設醫學部 改岡山縣醫學院第三高等中學校醫學部 以石川縣金澤病院供醫學部生徒之臨床講習假用石川縣醫學校舍開設 行開校式

二十二年	醫學部改築校舍	移醫學部于片平町	築校舍于岡內山下	設藥學科內外科臨床講義室成	
二十三年	校舍成醫學部移于新校	設豫科	設藥學科新築校舍成		設藥學科
二十四年		行開校式	病院築成岡山縣病院併入		移校舍于西彼杵郡浦上山里村
二十五年		置寄宿舍	洪水損害校舍	遷校舍于新築	
二十六年	改定藥學科及法醫學科		改定藥學科及法醫學科	行校舍落成式	改定藥學科及法醫學科
二十七年	改稱第一高等學校醫學部	定醫學藥學各科課程廢寄宿舍	改稱第三高等學校醫學部廢藥學科	改稱第四高等學校醫學部	改稱第五高等學校醫學部

二十八年	定醫學部卒業生稱得業士				
二十九年					
三十年	組織學實習室新築落成	地質鑛物圖畫教室及臨床講義室新築落成	設細菌學科		
三十一年		圖畫測量室新築落成復置寄宿舍生理病理等教室成			
三十二年	內科臨床講義室及附屬建物新築落成			眼科臨床講義室築成	
三十三年	外科臨床講義室及附屬建物新築落成	設細菌學科			設細菌學科

三十四年	改稱千葉醫學專門學校	改稱仙臺醫學專門學校設圖書閲覽室	改稱岡山醫學專門學校	改稱金澤醫學專門學校	改稱長崎醫學專門學校改定各學科課程
三十五年					
三十六年					

文部省直轄諸學校沿革表之四

	東京高等工業學校	東京外國語學校	東京美術學校	東京音樂學校	大阪工業學校	東京盲啞學校
明治元年						
二年						
三年						
四年						
五年						

表 三

六年						
七年						
八年						創樂善會于築地南小田原町議訓盲之事
九年						定議官設訓盲院
十年						
十一年						

十二年				置音樂取調掛于文部省		訓盲院築成
十三年				以本鄉區文部省舊教師館爲音樂取調掛官署		開院招盲生入學
十四年	設職工學校					
十五年				制定音樂取調事務		
十六年						
十七年						改稱訓盲啞院

十八年			設圖畫取調掛于專門學務局尋改稱東京美術學校	改稱音樂取調所移校舍于上野公園		
十九年			附屬帝國大學附屬植物園內	置高等女學校于本所尋析之		
二十年				改稱東京音樂學校		改稱東京盲啞學校
二十一年			遷校舍于上野公園舊教育博物館	分學科爲本科豫科		
二十二年			開校分普通專修二科	制定規則		
二十三年	改稱東京工業學校			新築校舍成		遷校舍于小石川區

二十四年						
二十五年			改普通科爲豫備科專修科爲本科			
二十六年				附屬高等師範學校稱高等師範學校附屬音樂學校		
二十七年	設工業教員養成所					
二十八年						
二十九年					設工業學校于大阪	

三十年		設外國語學校附屬高等商業學校分英佛獨露西清韓七科				
三十一年						
三十二年	設附屬工業補習學校	改稱東京外國語學校移校舍于錦町加伊語一科		改稱東京音樂學校		增築寄宿舍
三十三年				置豫科本科研究科師範科及選科		
三十四年	改稱東京高等工業學校					
三十五年						

文部省直轄諸學校表

道府縣	名稱	位置	創立年	學科	修業年限	學級數	教員	生徒	卒業者	經費總額
東京	東京帝國大學	武藏國東京市本鄉區元富士町	明治十年	法醫工文理農六分科、研究科、選科	三年（內醫科四年）、二年、二年	一五〇、六、六	二九一	三八八〇、一〇、二一三	四九九五	九四九三九圓
西京	西京帝國大學	山城國京都市上京區吉田町	同卅年	法醫理工四分科	四年（理工三年）	一一七	一二五	六四一	一〇九	四三七五九五
東京	東京高等師範學校	武藏國東京市小石川區指谷町	同五年	豫科、本科、研究科、專攻科、選科	一年、三年、一年、二年、三年	五、一四、一、八、一	六一	一二九、二三六、六、二三五、二	九〇五、四七、五六七、四〇	一五七二八七
東京	女子高等師範學校	武藏國東京市本鄉區湯島町	同七年	本科、研究科、專修科、選科	四年、二年、二年、四年	四、一、三、一	七三	二七〇、一、八九、六	二九六、二、九四、一二	八八七五六
北海道	札幌農學校	石狩國札幌區北一條町	同九年	豫修科、本科、農藝科、森林科、土木工科、研究科	二年、四年、三年、三年、三年、二年	四、三、三、三、一	四〇	九一、六九、九一、四八、五六、二	三〇一、三一四、二五六、四、二七	六三三七
東京	高等商業學校	武藏國東京市神田區一橋通町	同十八年	豫科、本科、專攻科	一年、三年、二年	八、一二、二	四五	一〇九、五九八、八四	二四〇、五六	五四三四六
東京	第一高等學校	武藏國東京市本鄉區向ケ岡彌生町	同八年	大學豫科第一部、第二部、第三部	三年、三年、三年	一一、八、六	七〇	四六一、三〇二、二〇六	一一六、一七四、一三九	一二七五八
宮城	第二高等學校	陸前國仙臺市片平町	同廿年	同	同	八、六、三	五七	二三五、二四七、一一九	二四八、一六二、一四七	八六三八〇
西京	第三高等學校	山城國京都市上京區吉田町	同五年	同	同	七、六、三	五一	二〇六、二一七、七四	二六二、八一二、一一〇	一〇三四七三

石川	第四高等學校	加賀國金澤市仙石町	同廿年	同	同	九 八 三	六四	二一二 一八五 一一七	一四六 一三〇 八九	七八六七三
熊本	第五高等學校	肥後國熊本市下飽託郡	同廿年	工學部 第一部 第二部 第三部 大學豫科	四年 三年 三年 三年	七 九 九 三	六八	一三八 二六四 一六五 一一七	一六六 一四二 一一二	一三六四八一
岡山	第六高等學校	備前國岡山市大字西國富山	同卅二年	大學豫科 第一部 第二部 第三部	三年 三年 三年	六 五 三	三五	一五七 一四八 一四二		三〇〇四一
鹿兒島	第七高等學校造士館	薩摩國鹿兒島市山下町	同卅四年	同	同	四 三 二	二一	一四三 一一三 六四		一五五三四
山口	山口高等學校	周防國吉敷郡上宇野令村	同廿七年	同	同	六 四 三	二二	一三二 一二〇 七一	一一四 一七四 一二五	四一八二六
千葉	千葉醫學專門學校	下總國千葉郡千葉町	同卅四年	醫學科 藥學科	三年 四年	五 四	二四	五五二 五〇	七九二 六一	
宮城	仙臺醫學專門學校	陸前國仙臺市片平町	同	同	同	八 三	三二	三五六 四一	一八〇 二二	
岡山	岡山醫學專門學校	備前國岡山市大字門田山	同	醫學科	四年	四	一九	五一八	二一五	
石川	金澤醫學專門學校	加賀國金澤市大手町	同	醫學科 藥學科	四年 三年	四 三	三六	四二九 四四	三二五 六六	
長崎	長崎醫學專門學校	肥前國長崎市下西彼杵郡	同	同	同	同	一九	五二七 六五	七二七 一〇九	
東京	東京高等工業學校	武藏國東京市淺草區藏前片町	同十四年	專門科 撰科	三年 二年	一三 二	八八	三九一 二六	九三六 三二	三二六七八
東京	東京外國語學校	武藏國東京市神田區一橋通町	同卅年	本科 撰科 別科 研究科	三年 三年 二年 二年	二四 一七 一三 八	五〇	四四六 三九 四九五 四八	一六五 一六一	五五五七四

東京	東京美術學校	武藏國東京市下谷區上野公園	同廿一年	豫科 本科 研究科 撰科 講習科	一年 四年 三年 四年 一年	一 三三 一 二六 一	四八	八〇 一七〇 三 一三四 四	二七七 一〇四 五	五七、七〇四
東京	東京音樂學校	同	同二十年	豫科 本科 研究科 師範科 撰科	一年 三年 二年 甲三 乙一 三年	二 七 四 甲三 乙一 二	二二	三六 四五 一四 六九 二一 一一	二一 二六 一一 二三 一六三	二九、〇一〇
大阪	大阪高等工業學校	攝津國大阪市北區玉江町	同廿九年	本科 練習科 研究科	三年 一年 一年	二三 一 一	五〇	三六八	一〇〇 一	五七、三七七
東京	東京盲啞學校	武藏國東京市小石川區指谷町	同廿三年	尋常科 技藝科	五年 五年	一〇 一〇	一〇	九七 一二一	九三 三〇	一三七五三
總計			二五校				一四一九	一五七七一	一六二六七	二六九三五五

二

公立師範學校表

道府縣	名稱	設立之區別	位置	創立年	學科	修業年限	學級數	教員 男	教員 女	教員 計	生徒 男	生徒 女	生徒 計	卒業者 男	卒業者 女	卒業者 計	經費總額
北海道	北海道師範學校	廳立	石狩國札幌區南一條西十七丁目	明治十九年	本科、簡易科、豫備科、教員講習科	四年、二年四月、一年、一年	四、一、二、二	二〇	一	二一	一〇七、一八、七四、三六	三八	一〇七、一八、七四、七四	一二七、一六、七四、六三	三六	一二七、一六、七四、九九	六三・〇三七
東京	東京府師範學校	府立	東京市赤坂區青山北町五丁目	同八年	本科、豫備科、教員講習科	四年、二年、一年	七、二、三	一三		一三	三〇二、八〇、八二		三〇二、八〇、八二	二三、三八、三三		二三、三八、三三	五三・二七四
東京	東京府女子師範學校	府立	東京市小石川區竹早町	同三十三年	本科	三年	二	四	二	六		六五	六五				二七・三二八
西京	西京府師範學校	府立	山城國愛宕郡上賀茂村	同九年	本科、簡易科、教員講習科	男四年女三年、二年四月、二月以上十月以內	七、三	二〇	二	二二	二二二	六五	二八七	三二、九、九六	一四、二	四六、九、九八	八四・〇二八
大阪	大阪府師範學校	府立	攝津國大阪市北區常安町	同七年	本科、教員講習科	四年、一月以上一年以內	四、二	一九		一九	三二、六三		三二、六三	二六、一七三		二六、一七三	三九・〇六三
大阪	大阪府女子師範學校	府立	攝津國大阪市南區天王寺北山町	同三十三年	本科	三年	三	三	三	六		一〇五	一〇五		三	三	三二・一〇八
神奈川	神奈川縣師範學校	縣立	相模國鎌倉郡鎌倉町	同九年	本科、教員講習科	四年、六月	七	三		三	一八九、四九		一八九、四九	三三、九二		三三、九二	四二・五八七
兵庫	兵庫縣第一師範學校	縣立	攝津國武庫郡御影町	同十年	本科、教員講習科	四年、一月	二	一八	一	一九	二七三		二七三	四〇、三七		四〇、三七	八五・六四三
長崎	長崎縣師範學校	縣立	肥前國長崎市馬場	同七年	本科、教員講習科	男四年女三年、一年	六、三、一	一四	二	一六	一三七、三九	四七	一八四、三九	二〇、三七	八	二八、三七	六八・九七三
新潟	新潟縣第一師範學校	縣立	越後國新潟市旭通町	同九年	本科、簡易科、教員講習科	四年、三年四月、一年	七、一、二	三		三	一七二、三二、七二		一七二、三二、七二	四、三四、七四		三四、七四	五三・〇〇四

新潟	新潟縣第二師範學校	縣立	越後國中頸城郡高城村	同三十二年	本科 教員講習科	四年 一年	三 一	一三		一三	一〇九 四〇		一〇九 四〇				七二五二三
新潟	新潟縣女子師範學校	縣立	越後國古志郡長岡本町	同三十二年	本科 教員講習科	三年 六月	三 一	五	三	八		九八 三八	九八 三八		二七 三八	二七 三八	七七七七三
埼玉	埼玉縣師範學校	縣立	武藏國北足立郡浦和町	同六年	本科 教員講習科	四年 五月以上一年以內	七 四	二〇		二〇	一四八 二〇一		一四八 二〇一	一四 九〇		一四 九〇	四八二三三
羣馬	羣馬縣師範學校	縣立	上野國前橋市曲輪町	同七年	本科 簡易科 教員講習科	四年 二年四月 六月	四 二 一	一六		一六	一二八 六九	二五	一二八 六九 二五	二三 二五	一九	二三 二五 一九	三六四二九
千葉	千葉縣師範學校	縣立	下總國千葉郡千葉町	同七年	本科 教員講習科	男四年 女三年 六月以上一年以內	六 三 四	二〇	三	二三	一四七 一二八	七〇 七七	二一七 二〇五	二八 二八	二三 一七	[illegible]	九〇四〇九
茨城	茨城縣師範學校	縣立	常陸國水戸市上市舊城內	同九年	本科 簡易科	四年 二年四月	六 一	一六		一六	一八六 二五		一八六 二五	二三		二三	六七七三
栃木	栃木縣師範學校	縣立	下野國宇都宮市塙田町	同六年	本科 教員講習科	四年 一年	六 一	一八		一八	一九八 三六		一九八 三六	二七 五八		二七 五八	五一六四八
奈良	奈良縣師範學校	縣立	大和國奈良市大字登大路	同二十一年	本科 簡易科 傳習科 教員講習科	四年 二年四月 一年 十一月	四 一 一 一	一六		一六	一二四 八 九 二四		一二四 八 九 二四	一三 二 九 二四		一三 二 九 二四	二八七八九
三重	三重縣師範學校	縣立	伊勢國津市丸之內	同八年	本科 簡易科 教員講習科	四年 二年四月 六月以上一年以內	五 四 一	二〇		二〇	一五〇 一三 二〇		一五〇 一三 二〇	二三 五〇 九七		二三 五〇 九七	四四九二七
愛知	愛知縣第一師範學校	縣立	尾張國名古屋市東芳野町	同九年	本科 簡易科 教員講習科	四年 五月	八 一	一八		一八	一三 二四		一三 二四	二三 七 六六		二三 七 六六	三三四九六
愛知	愛知縣第二師範學校	縣立	三河國額田郡岡崎町	同三十二年	本科 簡易科 教員講習科	男四年 女三年 二年四月 五月	一 一 三 一	一一	二	一三	三八 七一 二六	二〇	五八 七一 二六	五四		五四	三三四一
靜岡	靜岡縣師範學校	縣立	駿河國靜岡市追手町	同八年	本科 教員講習科	男四年 女三年 六月以上一年以內	六 二 三	二五	三	二八	九五 一三七	七八	一七三 一三七	二四 一三〇		二四 一三〇	五六八二五四

山梨	山梨縣師範學校	縣立	甲斐國甲府市錦町	同九年	本科 教員講習科	男四年女三年 六月以上一年以內	四 一 二	二	二	三	二六 二八	三五 四〇	一五一 六八	六五	三五 四〇	三九 四〇五	三三六二
滋賀	滋賀縣師範學校	縣立	近江國大津市上堅田町	同八年	本科 豫備科 教員講習科	四年 一年 一年	七 二 一	一八		一八	一〇八 六三 二〇		一八〇 六三 二〇	八 五八 一七		八 五八 一七	六八七三
岐阜	岐阜縣師範學校	縣立	美濃國稻葉郡加納町	同七年	本科 簡易科 教員講習科	四年 二年四月 一月以上一年以內	六 七	一九	三	三	二四四 一〇七	六五	二四四 一七二	四〇 六 四七	二五五	四〇 六 四八二	四四六一〇
長野	長野縣師範學校	縣立	信濃國長野市西長野	同八年	本科 教員講習科	男四年女三年 五月以上二年以內	八 五 九	三	二	三	二九八 三二一	六三 六四	三六〇 三七五	四八 四三五	二六 二〇二	六四 三五七	七三八八七
宮城	宮城縣師範學校	縣立	陸前國仙臺市北一番町	同八年	本科 簡易科 教員講習科	男四年女三年 二年四月 二月以上一年以內	四 二 三 一	一六	三	一九	二二三 七八 三六	三九	一五三 七八 三六	三〇 三六 三六	一八	三八 三六 三六	四三八〇四
福島	福島縣師範學校	縣立	岩代國信夫郡福島町	同七年	本科 簡易科 教員講習科	男四年女三年 二年四月 一年以內	四 三 三 四	一七	二	一九	一五四 七六 一〇九	八六 一〇	四二〇 七六 一二九	三三 七一	二七 九	六〇 一八〇	五一〇四五
岩手	岩手縣師範學校	縣立	陸中國盛岡市內丸	同九年	本科 教員講習科	男四年女三年 一年	四 二 一	一四	二	一六	一四〇 三九	五七	一九七 三九	一四 三七		一四 三七	三九八三九
青森	青森縣師範學校	縣立	陸奧國青森市寺町	同九年	本科 簡易科 教員講習科	四年 二年四月 六月以上一年以內	七 二	一九		一六	二〇三 七〇		二〇三 七〇	二九 九 七〇	三九	二九 九 一〇九	四八六三五
山形	山形縣師範學校	縣立	羽前國山形市旅籠町	同十二年	本科 教員講習科	四年 一月以上一年以內	七 一	一五		一五	二四八 四五		二四八 四九	二六 三八		二六 三八	一〇三六九
秋田	秋田縣師範學校	縣立	羽後國秋田市東根小屋町	同六年	本科 簡易科 教員講習科	男四年女三年 二年四月 六月	四 三 二 一	一七	一	一八	一〇七 五三	五七	一〇七 一〇	三六 四三	一七	四三 四二	三八九三
福井	福井縣師範學校	縣立	越前國福井市豐島中町	同十年	本科 教員講習科	男四年女三年 六月以上八月以內	六 二	一九		一九	三二 七五		三二 七五	二四 一 三三		二四 一 三三	四六七九七
石川	石川縣師範學校	縣立	加賀國金澤市廣坂通	同七年	本科 教員講習科	男四年女三年 六月以上一年以內	四 三 二	一五	三	一八	一二四 五六	七一	一九五 五六	一四 九二	二四	四八 九二	三一九四六

富山	富山縣師範學校	縣立	越中國富山市總曲輪	同六年	本科、教員講習科	男四年 女三年、六月以上一年以內	六、二、四	一八	三	二一	一五九、一一七	六〇、三六	二一九、一五三	一九、一四五	三六、七七	五五、二二二	三六三四七
鳥取	鳥取縣師範學校	縣立	因幡國鳥取市東町	同十九年	本科、教員講習科	四年、一年	四、二	一〇		一〇	一二八、五三		一二八、五三	二三、七一		二三、七一	一八〇七八
島根	島根縣師範學校	縣立	出雲國松江市殿町	同八年	本科、簡易科、教員講習科	四年、二年四月、十月以上一年以內	六、二、四	一六	一	一七	一四三、五〇、一二四	四五	一四三、五〇、一六九	一三、二三、一一一	四五	一三、二三、一五六	五四四三二
岡山	岡山縣師範學校	縣立	備前國岡山市西中山下	同七年	本科、教員講習科	四年、五月	一〇、一	一三		一三	三〇三、四〇		三〇三、四〇	五五、七七		五五、七七	五三三九五
廣島	廣島縣師範學校	縣立	安藝國廣島市中町	同七年	本科、簡易科、教員講習科	男四年 女三年、二年四月、六月	七、三、三	一六	三	一九	二九七、七三	九〇	三八七、七三	三〇、二三、三五	二四	五四、二三、三五	六五五六五
山口	山口縣師範學校	縣立	周防國吉敷郡上宇野令村	同七年	本科、簡易科、教員講習科	四年、二年四月、六月	五、二、四	二五		二五	一八九、六九、一四〇		一八九、六九、一四〇	三		三	七八八四三
和歌山	和歌山縣師範學校	縣立	紀伊國和歌山市眞砂町	同八年	本科、簡易科、豫備科、教員講習科	男四年 女三年、二年四月、六月、六月		一七	二	一九	一六五、六、三五、三三	四〇	二〇五、六、三五、三三	一四、二、六五、三	一九	三三、二、六五、三	四六五七八
徳島	徳島縣師範學校	縣立	阿波國徳島市常三島村	同七年	本科、簡易科、教員講習科	男四年 女三年、二年四月、一月以上五月以內	六、二	一六	二	一八	一一一、一	三五	一四六、一	二七、四、八〇	二九	二七、四、一〇九	三二三三
香川	香川縣師範學校	縣立	讚岐國高松市天神前	同廿二年	本科、簡易科、教員講習科	男四年 女三年、二年四月、一年	四、二、二、二	一七	二	一九	二四、七七、六二	四七	七一、七七、六二	四二、三、六三	三	四五、三、六三	四五三六二
愛媛	愛媛縣師範學校	縣立	伊豫國松山市木屋町	同九年	本科、簡易科、教員講習科	男四年 女三年、二年四月、六月	一七、二	一四	二	一六	一七三、一五七	三	九五、一五七	一六、四、一五七		一六、四、一五七	四六三四
高知	高知縣師範學校	縣立	土佐國土佐郡小高坂村	同七年	本科、簡易科、教員講習科	四年、二年四月、九月	三、二、一	一五		一五	一三七、六四、三五		一三七、六四、三五	一三、五〇		一三、五〇	四三三九三
福岡	福岡縣師範學校	縣立	筑前國福岡市荒戸町	同九年	本科、教員講習科	男四年 女三年、一年	八、三、三	一三	三	一六	二〇五、七六	八九、三九	二九四、一一五	六二、四、七〇	二三、三九	八五、四、一〇九	六九四一四

大分	大分縣師範學校縣立豐後國大分郡西大分町同七年	本科 簡易科 教員講習科	四年 三年四月 一月以上六月以內	四 二 二	一五	二	一六	一四三 八三 八〇	八〇	一四三 八三 四〇	二七 四 八〇	二七	二七 四 二〇七	三三、三三九
佐賀	佐賀縣師範學校縣立肥前國佐賀市赤松町同十七年	本科 教員講習科	男四年 女三年 一年	四 三 一	三	四	二六	三七	九〇 三九	三七 三九	三三	三三 三九	四四 三九	四八、八四八
熊本	熊本縣師範學校縣立肥後國熊本市京町同十一年	本科 簡易科 教員講習科	四年 一年四月 六月以上一年以內	八 一 一	一七	一	一八	三三 三九	三七	三三 三九 三七	六四	三七	六四 三七	一七、八〇四
宮崎	宮崎縣師範學校縣立日向國宮崎郡大宮村同十八年	本科 豫備科	四年 一年	六 二	一四		一四	一八四 九三		一八四 九三	二六 九三		二六 九三	四二、五四七
鹿兒島	鹿兒島縣師範學校縣立薩摩國鹿兒島市山下町同八年	本科 簡易科 教員講習科	男四年 女三年 二年四月以上 三月以上一年以內	五 三 一 四	一八	一	一九	一五八 七三 三三	四五	一〇三 七三 三三	二五 六三	一六	四一 六三	三、六二五
沖繩	沖繩縣師範學校縣立琉球國首里區當藏同十三年	本科 簡易科 教員講習科	四年 二年四月以上 一年以內	四 二 一	一九	二	三	一三九 三三 五六	一七	一三六 三三 七三	二四 五六	八	二四 六四	四〇、三七五
總計		五二校 本科 簡易科 豫備科 教員講習科		三六 四〇 一〇 九五	八〇 一	六七	九五七 一	九〇八 一二五〇 三四八 二九七	四四六 六七〇	一〇五四 二五〇 三四八 三五七	三六九 三五四 三四七 四三七	三六五 八三八	二九四 三九四 三四七 三五五	二九三、四四四

公立中學校表

道府縣	名稱	位置	設立之區別	創立年	學科	修業年限	學級數	教員	生徒在學者	卒業者	授業料總額	經費總額
北海道	札幌中學校	石狩國札幌區北八條西四丁目	廳立	明治二十八年	本科	五年	一三	一九	四四七	四一	二四六四・	一七・六〇〇
	函館中學校	渡島國函館區元町	廳立	同二十八年	本科	五年	九	一六	二九四	一九	二五〇〇・	四六七八
東京	東京府第一中學校	武藏國東京市麴町區日比谷町	府立	同十一年	本科 補習科	五年 四箇月	二	二七	七七四	三九九	一四九八・	二五四
	東京府第一中學分校	武藏國東京市京橋區築地三丁目	府立	同三十三年	本科	五年	六	二	三四		二八四六・	一〇・六五
	東京府城北中學校	武藏國東京市麴町區飯田町五丁目	府立	同二十四年	本科	五年	一三	一六	六六〇	一三	四八六・	二五三八
	東京府開成中學校	武藏國東京市神田區淡路町二丁目	府立	同二十四年	本科	五年	一三	二三	六六四	一〇五	二五・〇四	一四・七八〇
西京	西京府第一中學校	山城國京都市上京區吉田町	府立	同二十六年	本科	五年	一六	三七	六〇〇	一〇九	三四五六（合計）	二三二〇・六九（合計）
	西京府第一中學分校	山城國京都市上京區新町通	府立	同三十一年	本科	二年	七	一四	三〇〇			
	西京府第二中學校	山城國紀伊郡上鳥羽村	府立	同三十三年	本科	五年	一〇	二四	三九七		四九七四・七	一三五三六
大阪	大阪府第一中學校	攝津國大阪市北區堂島濱通三丁目	府立	同十六年	本科	五年	一七	二八	六〇八	六七	一〇・五三〇	三〇・六七

大阪	大阪府第二中學校	府立	和泉國泉北郡向井村	同二十八年	本科	五年	一三	三	四六〇	六〇	五、六二一 二三、七六
	大阪府第三中學校	府立	河內國中河內郡八尾村	同二十八年	本科	五年	一三	一四	三八九	四三	四、四七四 二六、八〇〇
	大阪府第四中學校	府立	攝津國三島郡茨木町	同二十八年	本科	五年	一二	一〇	二九九	二八	三、五二三 二四、七二八
	大阪府第五中學校	府立	攝津國大阪市東區上本町八丁目	同二十九年	本科	五年	一三	二六	四四〇	五〇	七、六八四 二〇、五七四
	大阪府第六中學校	府立	和泉國泉南郡岸和田村	同三十年	本科	五年	一二	一〇	三四二		三、九四二 二九、五五八
神奈川	神奈川縣第一中學校	縣立	武藏國久良岐郡戶太町	同三十年	本科	五年	一三	一八	三七三	一二	四、九二一 二七、九二四
兵庫	兵庫縣姬路中學校	縣立	播磨國姬路市國府寺町	同二十年	本科	五年	一三	一〇	三六一	五七	四、八七二 一九、八〇
	兵庫縣神戶中學校	縣立	攝津國神戶市葺合町	同二十九年	本科	五年	一三	一三	三五五	三三	四、六七二 一九、四五
	兵庫縣豐岡中學校	縣立	攝津國城崎郡豐岡町	同二十九年	本科	五年	九	一五	三三二	二四	二、七二五 二四、七七六
	兵庫縣洲本中學校	縣立	淡路國津名郡洲本町	同三十年	本科	五年	八	一五	三二八		二、六六五 三〇、七五
	兵庫縣柏原中學校	縣立	丹波國氷上郡柏原町	同三十年	本科	五年	八	八	二二四		二、五八二 一三、三六八
	兵庫縣龍野中學校	縣立	播磨國揖保郡龍野町	同三十年	本科	五年	八	一三	二四七		二、八六八 一二、九七五

長崎	長崎縣長崎中學校	縣立	肥前國長崎市岩原	同十七年	本科	五年	二	一九	一四八四	四二	四、五三三	一六、七三六
	長崎縣中學玖島學館	縣立	肥前國東彼杵郡大村	同二十一年	本科	五年	九	二四	三三	四四	二、九〇六	二、〇八一
	長崎縣島原中學校	縣立	肥前國南高來郡島原	同二十三年	本科	五年	三	六	一〇九		八五四	二、六八三
	長崎縣五島中學校	縣立	肥前國南松浦郡福江村	同二十三年	本科	五年	三	五	二六		九四九	四、九四五
新潟	新潟縣新潟中學校	縣立	越後國新潟市關屋	同二十五年	本科	五年	三	二	五〇〇	五七	五、七三〇	一八、三八七
	新潟縣高田中學校	縣立	越後國中頸城郡高城村	同二十六年	本科	五年	一四	二四	五六〇	四七	六、三三一	一九、八五一
	新潟縣高田中學柏崎分校	縣立	越後國刈羽郡柏崎町	同三十三年	本科	三年	三	八	一三		一、三六二	七、三六三
	新潟縣長岡中學校	縣立	越後國古志郡四郎丸村	同二十六年	本科	五年	三	一〇	五三九	三八	五、九三五	一八、〇三三
	新潟縣新發田中學校	縣立	越後國北蒲原郡五十公野村	同二十九年	本科 五年 補習科 一年		一〇 一	一八	三四五 三	一八 六	三、七八三	一四、四〇四
	新潟縣新發田中學村上分校	縣立	越後國岩船郡村上本町	同三十三年	本科	三年	三	六	一〇八		一、〇〇四	七、三二〇
	新潟縣佐渡中學校	縣立	佐渡國佐渡郡二宮村	同二十九年	本科	五年	七	一三	一八八	八	二、九五	一四、四五五
埼玉	埼玉縣第一中學校	縣立	武藏國北足立郡浦和町	同二十九年	本科 五年 補習科 四箇月		二	一九 一	三七	三三 三三	二、四八	一六、六八

埼玉	埼玉縣第二中學校	縣立	武藏國大里郡熊谷町	同三十九年	本科	五年	二	一〇	四三	四七	四、四五七	一六、九四六
	埼玉縣第三中學校	縣立	武藏國入間郡川越町	同三十二年	本科	五年	六	一三	三六		二、四八六	一七、三一二
	埼玉縣第四中學校	縣立	武藏國南埼玉郡粕壁町	同三十二年	本科	五年	六	一三	三五		二、七二七	一七、四三六
群馬	群馬縣前橋中學校	縣立	上野國前橋市紅雲分村	同十二年	本科 實科 補習科	五年 五年 四箇月	一〇 四	二七	三四八 八二	四二 一四	五、五四	三、〇二五
	群馬縣前橋中學多野分校	縣立	上野國多野郡藤岡町	同三十年	本科	三年	五	九	二〇		二、三二五	五、四八二
	群馬縣前橋中學碓氷分校	縣立	上野國碓氷郡安中町	同三十年	本科	三年	四	八	二二		二、〇〇九	四、七〇九
	群馬縣前橋中學利根分校	縣立	上野國利根郡沼田町	同三十年	本科	三年	四	八	八七		九四七	四、九二六
	群馬縣高崎中學校	縣立	上野國高崎市赤坂村	同三十年	本科	五年	七	一五	二六五		二、六九五	一九、三五九
	群馬縣富岡中學校	縣立	上野國北甘樂郡富岡町	同三十年	本科	五年	六	一五	二五		二、九三	一〇、三三六
	群馬縣太田中學校	縣立	上野國新田郡太田町	同三十年	本科	五年	八	一六	三六		二、八七六	一三、四八
千葉	千葉縣千葉中學校	縣立	下總國千葉郡千葉町	同十一年	本科	五年	一四	二三	五二〇	四三	七、二〇七	二三、八二七
	千葉縣佐倉中學校	縣立	下總國印旛郡佐倉町	同三十二年	本科	五年	七	一三	二六	五	二、五九二	八、九六四

千葉	千葉縣佐原中學校	縣立	下總國香取郡佐原町	同三十二年	本科	五年	二	三	九三		一・三七六	三・九九七
	千葉縣銚子中學校	縣立	下總國海上郡銚子町	同三十二年	本科	五年	二	五	八九		二・六五	四・〇三三
	千葉縣大多喜中學校	縣立	上總國夷隅郡大多喜町	同三十三年	本科	五年	二	三	九二		二・五八	四・七一
	千葉縣千葉中學木更津分校	縣立	上總國君津郡眞舟村	同三十三年	本科	三年	二	五	七二		一・〇四八	三・五八七
	千葉縣佐倉中學成東分校	縣立	上總國山武郡成東町	同三十三年	本科	三年	二	五	七五		一・〇七八	三・四四一
茨城	茨城縣水戶中學校	縣立	常陸國水戶市上市舊城內	同十三年	本科	五年	一五	一四	五七五	七四	六・四七一	一六・三八五
	茨城縣水戶中學太田分校	縣立	常陸國久慈郡太田町	同三十三年	本科	三年	三	六	一二八		一・四二〇	四・七七六
	茨城縣土浦中學校	縣立	常陸國新治郡土浦町	同三十年	本科	五年	九	一八	三五七		四・二五四	〇・六八三
	茨城縣土浦中學龍ケ崎分校	縣立	常陸國稻敷郡龍ケ崎町	同三十三年	本科	三年	三	六	一三三		一・四〇二	四・八六二
	茨城縣下妻中學校	縣立	常陸國眞壁郡下妻町	同三十年	本科	五年	九	一八	三七四		四・六二一	三・六九七
	茨城縣下妻中學水海道分校	縣立	下總國結城郡水海道町	同三十三年	本科	三年	三	八	一〇九		二・三五二	四・九五六
栃木	栃木縣第一中學校	縣立	下野國河內郡姿川村鶴田	同十二年	本科	五年	二	一六	四二八	三六	三六・四七	一四・二三

栃木	栃木縣第二中學校	縣立	下野國下都賀郡栃木町	同三十二年	本科	五年	一〇	一六	四八	五五	五三六八	一六九三七
	栃木縣第三中學校	縣立	下野國芳賀郡眞岡町	同三十二年	本科	五年	三	五	九八		三九六	一三三九
奈良	奈良縣郡山中學校	縣立	大和國生駒郡郡山町	同二十六年	本科	五年	一五	一三	四八三	四四	五六〇八	一六六〇三
	奈良縣畝傍中學校	縣立	大和國高市郡八木町	同二十九年	本科	五年	一二	一八	四〇	三八	四七二〇	一四九三
	奈良縣五條中學校	縣立	大和國宇智郡五條町	同二十九年	本科	五年	七	一六	二七〇	二四	三二一二	一五二一七
三重	三重縣第一中學校	縣立	伊勢國安濃郡新町	同十三年	本科	五年	一五	一三	五六八	六〇	五七四八	二〇七八八
	三重縣第二中學校	縣立	伊勢國三重郡富田村	同三十二年	本科	五年	六	一三	一二五		二七八五	一三四〇三
	三重縣第三中學校	縣立	伊賀國阿山郡上野町	同三十二年	本科	五年	六	一二	一三三		二五一〇	一〇一二七
	三重縣第四中學校	縣立	伊勢國度會郡宇治山田町	同三十二年	本科	五年	九	一六	三〇八	六	三四〇五	一二四〇七
愛知	愛知縣第一中學校	縣立	尾張國名古屋市南外堀町	同十年	本科	五年	五	二三	七九	九七	八六〇〇	一三一六九
	愛知縣第二中學校	縣立	三河國額田郡岡崎町	同二十九年	本科	五年	一〇	一九	三五六	二八	四三二八	一三六九二
	愛知縣第三中學校	縣立	尾張國海東郡津島町	同三十三年	本科	五年	四	八	一三四		二五四〇	八一〇八

愛知	愛知縣第四中學校	縣立 三河國渥美郡豐橋町	同二十八年	本科五年	九	一六	三〇六	四五	三六・二七	一二・一七五
靜岡	靜岡縣靜岡中學校	縣立 駿河國安倍郡安東村	同十一年	本科五年	一五	三	五八四	六五	七・七〇〇	一三・五九三
	靜岡縣濱松中學校	縣立 遠江國濱名郡濱松町	同二十八年	本科五年	一〇	一九	四七二	四六	六三・四	三三・五八〇
	靜岡縣韮山中學校	縣立 伊豆國田方郡韮山村	同二十八年	本科五年	八	三	三五〇	一七	四六・六一	二六・九三三
	賀茂郡立中學豆陽學校	縣立 伊豆國賀茂郡稻生澤村	同三十二年	本科五年	六	二	一六五	三	一・八三六	五・八二六
山梨	山梨縣中學校	縣立 甲斐國甲府市橋町	同九年	本科五年	一四	二〇	五三五	四二	七〇・九	一九・三九
	山梨縣中學都留分校	縣立 甲斐國南都留郡谷村町	同三十三年	本科三年	三	七	二二		一・三三	四・三九
滋賀	滋賀縣第一中學校	縣立 近江國犬上郡彦根町	同二十年	本科五年	九	一六	三六八	三五	三・三五	一八・二八
	滋賀縣第二中學校	縣立 近江國滋賀郡膳所村	同三十一年	本科五年	六	二	二四二		二・三八	三・四〇五
岐阜	岐阜縣岐阜中學校	縣立 美濃國岐阜市今泉	同七年	本科五年	一五	二六	四七八	三六	五・三三	二・九三三
	岐阜縣大垣中學校	縣立 美濃國安八郡大垣町	同二十七年	本科五年	一三	三	四八六	六四	五・七〇	一八・九〇
	岐阜縣東濃中學校	縣立 美濃國可兒郡御嵩町	同二十九年	本科五年	五	二	一五六	八	三・三二	一六・〇三三

岐阜	岐阜縣斐太中學校	縣立	飛彈國大野郡大八賀村	同十九年	本科	五年	六	一五	一七二	一四	一・七三	一九・六八
長野	長野縣松本中學校	縣立	信濃國東筑摩郡松本町	同十七年	本科	五年	一四	二四	五二七	六〇	七・〇八	三五・三〇九
	長野縣長野中學校	縣立	信濃國長野市長野町	同二十六年	本科	五年	一三	一九	四九二	五〇	六・八九	一七・二五八
	長野縣上田中學校	縣立	信濃國小縣郡上田町	同二十六年	本科	五年	一〇	一八	三九五		五・三七	四・九七一
	長野縣飯田中學校	縣立	信濃國下伊那郡飯田町	同二十六年	本科	五年	八	一七	二七二		三・五四	一四・二九
	長野縣諏訪中學校	縣立	信濃國諏訪郡上諏訪町	同二十八年	本科 補習科	五年 一年	七	一〇	三二 二	八	二・六三二	一九・七八〇
宮城	宮城縣第一中學校	縣立	陸前國仙臺市六軒町	同二十五年	本科 補習科	五年 六箇月	一四	三 一	五八二	八七 七四	六・七五	一七・五八四
	宮城縣第一中學分校	縣立	陸前國仙臺市清水小路	同二十九年	本科	四年	三	二〇	五五		五・五六	二八・九九
	宮城縣伊具郡立分校	郡立	磐城國伊具郡角田町	同三十年	本科	三年	六	二	二六		一・九七二	六・三七〇
	宮城縣第二中學校	縣立	陸前國仙臺市南町通	同三十三年	本科	五年	七	一〇 二	三三	一三	三・四四	一七・五五五
	宮城縣第三中學校	縣立	陸前國志田郡古川町	同三十三年	本科	五年	八	三	三八		三・四七	九・〇〇八
岩手	岩手縣盛岡中學校	縣立	陸中國盛岡市內丸	同十三年	本科	五年	一五	二四	五三二	六五	三・九〇	二〇・八〇七

岩手	岩手縣一關中學校	縣立	陸中國西磐井郡一關町	同三十年	本科	五年	八	一三	一四五		七七五	一六七二四
福島	福島縣第一中學校	縣立	岩代國安積郡桑野村	同十七年	本科	五年	一四	一四	五三	五九	五四九六	一三〇一三
	福島縣第二中學校	縣立	磐城國石城郡平町	同三十一年	本科	五年	九	一六	一三五	四三	三七一四	一四五六五
	福島縣第三中學校	縣立	岩代國信夫郡清水村	同三十一年	本科	五年	七	一五	一七四		三〇六〇	一五五〇二
	福島縣第四中學校	縣立	磐城國相馬郡中村町	同三十一年	本科	五年	八	一五	一六九		三一五	一二二一六
	福島縣會津中學校	縣立	岩代國若松市	同三十三年	本科	五年	一四	一四	五三三	五二	三四六六	二四六六〇
青森	青森縣第一中學校	縣立	陸奧國弘前市新寺町	同十七年	本科	五年	一五	一三	三六一	五七	二九六〇	一五五六七
	青森縣第二中學校	縣立	陸奧國三戶郡八戶町	同二十六年	本科	五年	九	一五	一三四	二八	一六七〇	一〇六四九
山形	山形縣山形中學校	縣立	羽前國山形市旅籠町	同十七年	本科	五年	一三	一四	五八	五二	五三〇	二九八二
	山形縣山形中學校新庄分校	縣立	羽前國最上郡新庄町	同三十三年	本科	三年	三	八	一三四		一三四七	一八五三五
	山形縣庄內中學校	縣立	羽前國西田川郡鶴岡町	同二十一年	本科	五年	一三	三	五七九	五〇	四九六四	二七六二
	山形縣米澤中學校	縣立	羽前國米澤市屋代町	同七年	本科	五年	一四	一四	五〇	四六	五七〇五	一四八九

秋田	秋田縣第一中學校縣立	羽後國秋田市東根小屋町	同十五年	本科五年	一三	二〇	四九二	一九	三六七九	四・二四
	秋田縣第二中學校縣立	羽後國北秋田郡大館町	同三十二年	本科五年	五	一三	一八六		八九九	三・八〇七
	秋田縣第三中學校縣立	羽後國平鹿郡朝倉村	同三十二年	本科五年	五	一三	一七九		九四九	二〇・五三八
福井	福井縣福井中學校縣立	越前國福井市城町	同十四年	本科五年	一五	二四	五六一	八〇	七・八〇七	三・八一〇
	福井縣武生中學校縣立	越前國南條郡武生町	同三十一年	本科五年	九	一四	三二五	二六	四・一四	一六・〇三八
	福井縣小濱中學校縣立	若狹國遠敷郡雲濱村	同三十年	本科五年	七	三	一七三	二	三・三五	二四・三八
石川	石川縣第一中學校縣立	加賀國金澤市下本多町	同二十六年	本科五年 補習科一年	一六 一	二五	六〇〇 二	九一	六九・二三	一九二・七〇
	石川縣第二中學校縣立	加賀國金澤市飛梅町	同三十二年	本科五年	九	一六	三〇一		三・三三	一〇・九七八
	石川縣第三中學校縣立	能登國鹿島郡七尾町	同三十二年	本科五年	三	一〇	一六三		一九・二〇	七・五二一
	石川縣第四中學校縣立	加賀國能美郡小松町	同三十二年	本科五年	四	七	一七〇		二七・一四	七・〇〇一
富山	富山縣第一中學校縣立	越中國上新川郡堀川村	同十八年	本科五年	一五	二三	五五七	八二	五七・四〇	一九・〇八六
	富山縣第二中學校縣立	越中國射水郡下關村	同三十一年	本科五年	九	一四	二五三		二八・七八	一七・二〇一

富山	富山縣第三中學校	縣立	越中國下新川郡魚津町	同三十二年	本科五年	五	一〇	一四三		一、六三〇	八、五四〇
鳥取	鳥取縣第一中學校	縣立	因幡國鳥取市東町	同十九年	本科五年	二	一九	四二一	四四	三、三〇四	三、一四
	鳥取縣第二中學校	縣立	因幡國西伯郡米子町	同三十二年	本科五年	四	八	一八七		一、四六九	一六、四七
島根	島根縣第一中學校	縣立	出雲國松江市北堀町	同九年	本科五年	一五	二四	五八九	五四	四、八九〇	三、五四六
	島根縣第二中學校	縣立	石見國那賀郡濱田町	同二十六年	本科五年	二	二〇	三九三	二九	三、〇七三	三、四一六
	島根縣簸川中學校	縣立	出雲國簸川郡今市町	同三十一年	本科五年	一〇	一五	三六五		二、七七四	一五、六二
岡山	岡山縣岡山中學校	縣立	備前國岡山市内山下	同七年	本科五年	一四	二六	五九九	四二	六、三四五	一九、一八五
	岡山縣津山中學校	縣立	美作國苫田郡津山町	同二十八年	本科五年	三	二三	四二八	二九	四、四二〇	一九、三三
	岡山縣高梁中學校	縣立	備中國上房郡高梁町	同二十八年	本科五年	九	一六	三四五	三三	三、四五七	一七、七二七
廣島	廣島縣第一中學校	縣立	安藝國廣島市國泰寺村	同十年	本科五年	一五	二五	五九三	二四	七、六三三	一七、〇〇〇
	廣島縣第二中學校	縣立	備後國深安郡福山町	同二十年	本科五年	三	二二	四四三	四四	五、六五八	一九、七六七
	廣島縣第三中學校	縣立	備後國雙三郡八次村	同三十一年	本科五年	六	一〇	一九一		三、九九	三、〇七四

廣島	廣島縣第四中學校	縣立	安藝國豐田郡忠海町	同三十年	本科五年	八	一四	二四六	一八	二一〇四	八六三四
山口	山口縣山口中學校	縣立	周防國吉敷郡山口町	同二十八年	本科五年	五	一〇	七三	一五一	八〇二	[illegible]
	山口縣萩中學校	縣立	長門國阿武郡萩町	同三十年	本科五年	一〇	一七	四〇六	三七	四四〇〇	一五三六〇
	山口縣豐浦中學校	縣立	長門國豐浦郡長府村	同三十年	本科五年	七	一五	三三八	一〇	四四九	一三〇四
	山口縣德山中學校	縣立	周防國都濃郡德山町	同三十年	本科五年	七	一三	一九六		三三三	四八七三〇
	山口縣岩國中學校	縣立	周防國玖珂郡橫山村	同三十年	本科五年	七	一七	三三三		二七七八	五四四八
和歌山	和歌山縣第一中學校	縣立	紀伊國和歌山市七番町	同十二年	本科五年	一五	三	五六三	七八	七二一四	一二九五七
	和歌山縣第一中學德義校	縣立	紀伊國和歌山市九番町	同三十三年	本科三年	四	七	一七五			
	和歌山縣第二中學校	縣立	紀伊國西牟婁郡田邊町	同二十九年	本科五年	七	一五	二三四	二六	二六七三	一六三九
德島	德島縣德島中學校	縣立	阿波國德島市富田浦町	同十一年	本科五年	一五	二五	五六二	五八	六三八〇	一六六八一
	德島縣脇町中學校	縣立	阿波國美馬郡脇町	同二十九年	本科五年	八	一五	三六五	三九	三九二四	三四九七
	德島縣富岡中學校	縣立	阿波國那賀郡富岡村	同二十九年	本科五年	八	一五	三〇三	三〇	三三三	三四九四

香川	香川縣高松中學校	縣立	讚岐國高松市五番町	同二十六年	本科五年	一四	二四	五六五	六五	七二五〇	一四、〇二七
	香川縣高松中學大川分校	縣立	讚岐國大川郡三本松町	同三十三年	本科五年	三	六	九五			
	香川縣丸龜中學校	縣立	讚岐國丸龜市二番町	同二十六年	本科五年	一三	二三	五一七	三一	六七九〇	二三九七三
	香川縣丸龜中學三豐分校	縣立	讚岐國三豐郡觀音寺町	同三十三年	本科五年	三	五	九七			
愛媛	愛媛縣松山中學校	縣立	伊豫國松山市二番町	同二十五年	本科五年	一六	二八	六五四	八〇	七五〇	一七、七五〇
	愛媛縣宇和島中學校	縣立	伊豫國北宇和郡宇和島町	同二十九年	本科五年	一〇	一六	三六四	二七	四二〇	九、八九八
	愛媛縣西條中學校	縣立	伊豫國新居郡西條町	同二十九年	本科五年	一〇	一六	三〇〇	二九	三六四	一六、六〇二
高知	高知縣第一中學校	縣立	土佐國高知市追手筋	同十一年	本科五年 補習科一年	一二	三七	七〇八 六	一五〇	八〇〇	二九六四
	高知縣第一中學分校	縣立	土佐國安藝郡安藝町	同三十三年	本科三年	三	七	九〇		一〇九九	二五〇〇
	高知縣第二中學校	縣立	土佐國高知市追手筋	同三十二年	本科五年	九	一六	二六八		三三六五	四五三二
	高知縣第二中學分校	縣立	土佐國幡多郡中村町	同三十三年	本科三年	三	七	八四		一〇八五	二三九〇七
	高知縣中學海南學校	縣立	土佐國高知市雜喉場	同九年	本科五年	一二	二〇	四三九	四二	三六四九	二一四一

福岡	福岡縣中學修猷館	縣立	筑前國早良郡西新町	同十八年	本科	五年	一三	一九	五三	九五	七六四六 三二七三五
	福岡縣東筑中學校	縣立	筑前國遠賀郡洞南村	同三十一年	本科	五年	一〇	一六	三三五		五三六三 四六二七
	福岡縣中學明善校	縣立	筑後國久留米市篠山町	同三十二年	本科	五年	一三	一三	四九五	一三	七六三四 三〇八八
	福岡縣中學傳習館	縣立	筑後國山門郡城內村	同二十七年	本科	五年	一二	一九	三九九	四二	六〇五八 二〇九七
	福岡縣豐津中學校	縣立	豐前國京都郡豐津村	同二十年	本科	五年	一三	二〇	五六〇	二五	八二六七 三三三
大分	大分縣大分中學校	縣立	豐後國大分郡豐府村	同十八年	本科	五年	一二	一八	四七〇	六〇	五五四五 三七九五
	大分縣中津中學校	縣立	豐前國下毛郡中津町	同二十七年	本科	五年	一〇	一七	四一〇	五二	四八三五 二九八一
	大分縣杵築中學校	縣立	豐後國速見郡杵築町	同三十年	本科	五年	八	一七	二六六		二三三 一〇五七八
	大分縣臼杵中學校	縣立	豐後國北海部郡臼杵町	同三十年	本科	五年	八	一五	二〇九		二九八六 一〇四〇九
	大分縣竹田中學校	縣立	豐後國直入郡竹田町	同三十年	本科	五年	八	一五	二五七		三〇八七 一〇六〇〇
	大分縣宇佐中學校	縣立	豐前國宇佐郡宇佐町	同三十年	本科	五年	八	一五	二九三		三三六九 二七一六
	佐賀縣第一中學校	縣立	肥前國佐賀市赤松町	同十七年	本科	五年	一三	二三	七〇二	三二	八〇二 二四八一九

佐賀	佐賀縣第一中學小城分校	縣立	肥前國小城郡小城町	同三十二年	本科	三年	四	八	一七〇		一八.五六二四.一二九
	佐賀縣第二中學校	縣立	肥前國藤津郡南鹿島村	同二十九年	本科	五年	九	一六	三三五	二	三七六三三九〇七
	佐賀縣第三中學校	縣立	肥前國東松浦郡唐津町	同二十九年	本科	五年	九	一七	三三九	三三	三七九三二四.〇八四
熊本	熊本縣中學濟濟黌	縣立	肥後國飽託郡黒髪村	同二十七年	本科	五年	一〇	三六	八四二	一八七	一〇五一六七.三六八三
	熊本縣中學濟濟黌天草分黌	縣立	肥後國天草郡本渡町	同二十九年	本科	三年	五	一〇	一七七		
	熊本縣熊本中學校	縣立	肥後國熊本市鍛冶町	同二十七年	本科	五年	一四	二九	五九七	一〇七	九四九〇三.七九四
	熊本縣熊本中學鹿本分黌	縣立	肥後國鹿本郡來民町	同二十九年	本科	三年	七	一五	二七七		
	熊本縣八代中學校	縣立	肥後國八代郡八代町	同二十九年	本科	五年	九	一七	二七七		三三七三二九.五五〇
宮崎	宮崎縣宮崎中學校	縣立	日向國宮崎郡大宮村	同三十二年	本科	五年	一四	二三	四七九	三八	三九二九三三六八一
	宮崎縣都城中學校	縣立	日向國北諸縣郡都城町	同三十二年	本科	五年	四	八	一七三		一四二九一〇二八〇
	宮崎縣延岡中學校	縣立	日向國東臼杵郡恆富村	同三十二年	本科	五年	四	七	一八三		一四一九三三二九
鹿兒島	鹿兒島縣第二中學校	縣立	薩摩國薩摩郡東水引村	同三十年	本科	五年	八	二	三〇		一八一三一〇九四三

鹿兒島	鹿兒島縣第三中學校	縣立	大隅國始良郡加治木村	同三十年	本科	五年	八	三	三六		六九三	一〇、四五
	鹿兒島縣第四中學校	縣立	薩摩國川邊郡川邊村	同三十二年	本科	五年	二	五	八五		五六八	四、〇九
	鹿兒島縣中學造士館	縣立	薩摩國鹿兒島市山下町	同二十九年	本科	五年	九	二六	三〇	三	一、四四九	二三、三五
沖繩	沖繩縣中學校	縣立	琉球國首里區眞和志	同十二年	本科	五年	二	一九	四七三	四〇	六五四	四〇、三〇
總				計		一八三校	一、七〇一	三〇、三五八九	六、四〇五一	五五八四	七三七七六	一四〇、三九八

公立高等女學校表

府縣	名稱	設立之區別	位置	創立年	學科	修業年限	學級數	教員 男	教員 女	教員 計	生徒	卒業者	授業料總額	經費總額
東京	東京府第一高等女學校	府立	武藏國東京市神田區錦町一丁目	明治二十一年	本科	五年	五	五	八	一三	二四九	五六	四六二八	九六〇七
	東京府第二高等女學校	府立	武藏國東京市小石川區竹早町	同三十三年	本科	五年	五	三	一〇	一三	二九三	四五	四三三	三七〇三
					補習科	一年	一				四三	二八		
西京	西京府高等女學校	府立	山城國京都市上京區寺町通荒神口	同五年	本科	五年	三	一八	二五	四三	六〇〇	一三九	九九八八	五三四四
					技藝專修科	三年	三				一四五	三六		
					補習科	一年	一				四一	三三		
					專攻科	二年	一				一四			
大阪	大阪市第一高等女學校	市立	攝津國大阪市北區常盤町	同十九年	本科	四年	一三	一三	二五	三八	四五七	九三	三七二五	二三七三
					技藝專修科	三年	六				九二	二五		
					專攻科	一年	一				五	五		
	大阪市第二高等女學校	市立	攝津國大阪市南區千年町	同三十三年	本科	四年	四	六	七	一三	一六四		三一七〇	八〇九八
					技藝專修科	三年	二				四三			
	堺高等女學校	市立	和泉國堺市車之町東二丁	同三十三年	本科	四年	四	一	一六	一七	一九九		一七八七	五六〇〇
					技藝專修科	三年	四				一四六	二四		
新潟	新潟縣高等女學校	縣立	越後國新潟市旭町	同三十三年	本科	四年	三	四	四	八	三二四		九一〇	五〇二七
	高田高等女學校	郡立	越後國中頸城郡高田町	同三十三年	本科	四年	二	一	三	四	九二	四三	四三三	五六八〇
埼玉	埼玉縣高等女學校	縣立	武藏國北足立郡浦和町	同三十三年	本科	四年	四	二	四	六	一三〇	二〇	六六七	七三五三
					技藝專修科	二年	一				三			
羣馬	羣馬縣高等女學校	縣立	上野國高崎市赤坂村	同三十二年	本科	四年	五	一	七	八	一六八		三九八	三三八七

千葉	千葉縣高等女學校	縣立	下總國千葉郡千葉町	同三十三年	本科	四年	二	一	三	四	一〇〇		二九〇	七〇〇
茨城	茨城縣高等女學校	縣立	常陸國水戸市上市弘道館內	同三十三年	本科	四年	三	四	三	七	一一九		八二四	七三五
栃木	栃木縣高等女學校	縣立	下野國宇都宮市塙田町	同九年	本科	四年	六	三	八	二	二三五	二八	三七四	三四〇一
					技藝專修科	二年	二				四二	二〇		
					補習科	一年	一				五	一四		
奈良	奈良縣高等女學校	縣立	大和國奈良市大字水門	同二十九年	本科	四年	八		三	三	四一	三三	三四七	二〇五九
					技藝專修科	三年	三				七四	一九		
					補習科	一年	二				三一	六八		
愛知	名古屋高等女學校	市立	尾張國名古屋市久屋町	同二十九年	本科	四年	七	三	一五	一八	二六七	七三	三八二	一六八二
					技藝專修科	三年	一				八	八		
					補習科	一年	一				八	八		
滋賀	彥根高等女學校	町立	近江國犬上郡彥根町	同二十八年	本科	四年	四	五	七	一三	一五八	一八	一〇八五	五八六
					技藝專修科	三年	三				五三	一〇		
					補習科	一年	一				一〇	一〇		
	大津高等女學校	市立	近江國大津市玉屋町	同三十二年	本科	四年	六	九	六	一五	一七一	二三	一三四五	七三六
					技藝專修科	三年	三				一四七	一四		
					補習科	一年	一				一二	一〇		
岐阜	岐阜市高等女學校	市立	美濃國岐阜市小熊	同三十三年	本科	四年	二	四	五	九	九九		五一六	四三四
					技藝專修科	三年	一				四三	九		
	大垣町高等女學校	町立	美濃國安八郡大垣町	同三十三年	本科	四年	二	二	四	六	二一		四七九	三二四八
					技藝專修科	三年	一				四一			
長野	長野高等女學校	市立	信濃國長野市長野町	同二十九年	本科	四年	五	四	一六	二〇	二〇一	六三	一九〇三	三七〇九三
					技藝專修科	四年	四				九一	一六		
					補習科	二年	二				三三	一五		
宮城	宮城縣高等女學校	市立	陸前國仙臺市元寺小路	同三十年	本科	四年	八	二	三	一四	三四三	六二	三八〇	五〇九三
					補習科	一年	一				一三	三		
福島	福島高等女學校	町立	岩代國信夫郡福島町	同三十年	本科	四年	四	一	四	五	一〇一	三三	六二〇	二七五三

岩手	盛岡高等女學校	市立	陸中國盛岡市馬場小路	同三十年	本科 技藝專修科 專攻科	四年 四年 一年	三 三 一	四	四	八	一〇六 二九 一〇	二八 二六 九	七一〇	七六五三
山形	山形高等女學校	市立	羽前國山形市旅籠町	同三十一年	本科 補習科	四年 一年	六 一	七	七	一四	二三四 一八	三三 一八	一〇七六	九七六八
山形	米澤高等女學校	市立	羽前國米澤市門東町	同三十一年	本科 補習科	四年 一年	六 一	六	七	一三	二三四 二二	三七	一〇一〇	一七三二
山形	鶴岡高等女學校	町立	羽前國西田川郡鶴岡町	同三十年	本科 技藝專修科 補習科	四年 一年 一年	四 一 一	三	八	一二	一六二 四四 一四	一五 七 一四	九三九	五三五
山形	酒田高等女學校	町立	羽前國飽海郡酒田町	同三十一年	本科 技藝專修科 補習科	四年 一年 一年	五 一 一	四	七	一二	一四四 二〇 一一	九 九	六八二	五三九
福井	福井縣高等女學校	縣立	越前國福井市寶永上町	同二十五年	本科 補習科	四年 一年	六 一	三	七	一〇	二四四 一九	五〇 一八	三二七	一〇三二五
石川	金澤市高等女學校	市立	加賀國金澤市高岡町	同三十一年	本科	四年	八	三	一〇	一三	三二	二七	一七一九	四三六八
鳥取	鳥取高等女學校	市立	因幡國鳥取市東町	同三十年	本科 技藝專修科 補習科	四年 三年 一年	四 二 一	三	一〇	一三	一七一 六一 一四	二〇 二〇 二〇	八二七	三〇七
島根	島根縣高等女學校	縣立	石見國那賀郡濱田町	同三十三年	本科 技藝專修科	二年 一年	二 一	五	三	八	五四 一九		二九四	五三〇二
島根	松江市高等女學校	市立	出雲國松江市母衣町	同三十年	本科 補習科	四年 一年	五 一	三	七	一〇	二〇五 二二	二五 二二	八三五	四八〇四
岡山	岡山縣高等女學校	縣立	備前國岡山市磨屋町	同三十三年	本科 技藝專修科	四年 三年	三	四	三	七	九四 三九		一八六	三七七
山口	山口縣山口高等女學校	縣立	周防國吉敷郡下宇野令村	同三十年	本科 技藝專修科	四年 二年	四 二	三	九	三	一四六 四一	三一 二一	五七九	一四〇三

和歌山	和歌山高等女學校	市立	紀伊國和歌山市七番町	同二十四年	本科	四年	八	三	九	三	一三四	三三	七〇〇	二〇八三
					技藝專修科	四年	四				五九	三三		
愛媛	宇和島高等女學校	町立	伊豫國北宇和郡宇和島町	同三十二年	本科	四年	四	七	二	九	八二	三三	四六四	一四〇七
	今治高等女學校	町立	伊豫國越智郡今治町	同三十二年	本科	五年	四	一	六	七	七三		五六八	一二二三
					技藝專修科	二年	一				一九			
高知	高知縣高等女學校	縣立	土佐國高知市帶屋町	同二十六年	本科	四年	七	六	七	三	三二六	四八	一九六	六八六
					補習科	一年	一				三二	三二		
福岡	福岡高等女學校	市立	筑前國福岡市天神町	同三十一年	本科	四年	五	五	八	三	二〇一	四〇	一九七	一三〇九
					補習科	一年	一				一三	一三		
	小倉高等女學校	市立	豐前國企救郡足立村	同三十一年	本科	四年	五	二	七	九	一三四	二五	九〇八	九六八
	柳河高等女學校	郡立	筑後國山門郡城內村	同三十三年	本科	四年	五	三	五	八	一八一	三三	六六六	一五二四
	久留米高等女學校	市立	筑後國久留米市篠山町	同三十年	本科	四年	六	五	六	二	二〇四	四八	三五〇	一五六八
大分	大分縣高等女學校	縣立	豐後國大分郡大分町	同三十三年	本科	四年	二	一	六	七	九三		五三七	六九〇
宮崎	宮崎縣高等女學校	縣立	日向國宮崎郡宮崎町	同二十九年	本科	四年	四	四	七	二	一五一	三五	一〇五三	一三〇〇
					技藝專修科	二年	一				二八			
總計						四四校	二六九	一六七	二三六	三五三	九七四六	一八三二	七〇三六	四四七三九

表十五

八八

公立專門學校表

府縣	名稱	設立之區別	位置	創立年	學科	修業年限	學級數	教員	生徒 男	生徒 女	生徒 計	卒業者 男	卒業者 女	卒業者 計	授業料總額	經費總額
西京	西京府醫學校	府立	山城國京都市上京區御車道通	明治十二年	醫學	四年	四	二七	三二		三二	七六		七六	七四五八	二七・二八
大阪	大阪醫學校	府立	攝津國大阪市北區常安町	同十三年	醫學 產婆科 看護科	本科四年 豫科二年 一年 一年	四 二 一 一	三一 一	二八五 一七三	九四	二八五 一七三 九四	七〇 五七	九四	七〇 五七 九四	一〇・三三三	一〇・二四二
愛知	愛知醫學校	縣立	尾張國名古屋市天王崎町	同十年	醫學 產婆科 看護科	本科四年 豫科二年 一年 一年	四 二 一 一	二九	四七七 一六二	一〇 八	四七七 一六二 一〇 八	五八 四一	一 九九	五八 四一 一 九九	一四・三二八	三〇・六六六
富山	富山藥學校	市立	越中國富山市梅澤町	同三十年	藥學	二年	三	二	七八		七八	六		六	二〇六	一・五七一
總計							四校	一〇八	一四〇四 豫八〇	五二	一四五八	二一〇 豫八	四二	二五二 豫八	三三〇二五	一六二・九六六

公立實業學校表

道府縣	名稱	設立之區別	位置	創立年	學科	修業年限	學級數	教員 男	教員 女	教員 計	生徒 男	生徒 女	生徒 計	卒業者 男	卒業者 女	卒業者 計	授業料總額	經費總額
北海道	函館商業學校	廳立	渡島國函館區元町	明治三十三年	甲種商業	本科三年	三	三		三	五九		五九	一〇		一〇	一,〇一〇	五,九一
						豫科二年	二	一		一	六七		六七	二七		二七		
	大野農業補習學校	村立	渡島國龜田郡大野村	同二十九年	農業	三年	一	二		二	四五		四五	九		九	一三（四校合計）	三,〇六（四校合計）
	紋鼈農業補習學校	村立	膽振國有珠郡伊達村	同二十九年	農業	二年	二	二		二	二四		二四	二四		二四		
	石狩水產補習學校	村立	石狩國石狩郡親船町	同三十年	水產	三年	一	三		三	一〇	一	一一	三		三		
	當麻農業補習學校	村立	石狩國上川郡永山村	同三十一年	農業	三年	二	二		二	二三		二三	二		二		
東京	東京府職工學校	府立	武藏國東京市本所區林町	同三十三年	木工	三年	二	六		六	二三		二三					六,六七六
					金工	三年	二				四三		四三					
	梅島農業補習學校	村立	武藏國南足立郡梅島村	同三十二年	農業	三年	三	三		三	三		三	六		六	四八	八四四
	豐多摩郡農業補習學校	郡立	武藏國豐多摩郡中野町	同三十三年	農業	三年	三	一		一	一五		一五				三五	一,〇六二
西京	西京商業學校	府立	山城國京都市下京區東堀川通蛸藥師下	同十九年	甲種商業	本科四年	六	一〇		一〇	一〇八		一〇八	七四		七四	四,七九二	一九,三二八
						豫科二年	四	三		三	一八九		一八九					
	西京簡易商業學校	府立	山城國京都市下京區蛸藥師通堀川東入	同三十三年	乙種商業	本科二年	六	九		九	二三五		二三五	八五		八五	三,九六	五,七〇七
						專修科一年	一				三		三	一九		一九		

西京	西京府農學校	府立	山城國葛野郡桂村	同二十八年	甲種農業	三年	三	二		二	二〇		二〇	八		八		二五〇七四
	西京市美術工藝學校	市立	山城國京都市上京區丸太町通寺町西入	同十三年	工藝	本科四年 專攻科二年 豫科一年	八 一 一	一三		一三	九九 二七 七		九九 二七 七	九 七		九 七		一五九八五
	西京市染織學校	市立	山城國京都市上京區釜座通椹木町上	同二十七年	染織	本科三年 豫科二年 別科一年 專攻科一年	三 二 一 一	一四		一四	二九 一三 一五 九		二九 一三 一五 九	六 七 一三		六 七 一三		一三五〇七
	五箇農業補習學校	村立	丹後國中郡五箇村	同三十年	農業	三年	一	一		一	三六	七	四二	三	二	五	四三	三六八
	東八田農業補習學校	村立	山城國何鹿郡東八田村	同三十三年	農業	三年	二	三	一	四	三六	三二	四九				三九	六二八
	大阪府農學校	府立	攝津國東成郡鶴橋村	同二十一年	甲種農業 同豫科	三年 三年	四 三	一七		一七	二五 五四		三五 五四	三六 三		三六 三	一五四三	二六八四六
	大阪商業學校	市立	攝津國大阪市北區堂島濱通	同十三年	甲種商業	本科三年 豫科二年	四 七	二五 一		二五 一	一四六 一三五		一四六 三五	一〇〇		一〇〇	五四〇	三七八九
	東江實業補習學校	市立	攝津國大阪市西區江戶堀南通	同二十七年	商業	二年	二				四二		四二	五		五	一〇六	一七九
	西六實業補習學校	市立	攝津國大阪市西區新町南通	同二十七年	商業	二年	二				六二		六二	七		七	一四七	二三七
	堀江實業補習學校	市立	攝津國大阪市西區長堀南通	同二十八年	商業	二年	一				三三		三三	七		七	六七	一三〇
	高臺實業補習學校	市立	攝津國大阪市西區南堀江下通	同二十八年	商業	二年	一				六五		六五	一		一	六六	一三三
	日吉實業補習學校	市立	攝津國大阪市西區南堀江上通	同二十八年	商業	二年	一				三六		三六	五		五	五七	九七

表 十七

	金甌實業補習學校	市立	攝津國大阪市南區瓦屋町	同二十七年	商工業	本科二年 豫別科一年	四 二				一二〇 三一		一二〇 三一	一三 三		一三 三	一三	一、二九八
大阪	南大江實業補習學校	市立	攝津國大阪市東區農人町	同二十八年	商業	三年	二				三七	九	四六	三		三	四五	一五九
	北大江實業補習學校	市立	攝津國大阪市東區島町	同二十七年	商業	三年	三				六〇	五	七五	五		五	八四	二九二
	汎愛實業補習學校	市立	攝津國大阪市東區淡路町	同二十七年	商業	三年	二				五五	一	五六	四		四	七二	三五二
	浪華實業補習學校	市立	攝津國大阪市東區南久太郎町	同二十七年	商業	三年	一				五三	五	五七	三		三	三六	二〇一
	久寶實業補習學校	市立	攝津國大阪市東區久寶寺町	同二十七年	商業	三年	三	一		一	八四	一	八五	七		七	八五	六七四
	船場實業補習學校	市立	攝津國東區安土町	同二十七年	商業	三年	一				七四		七四	一		一	三二	一八九
	愛日實業補習學校	市立	攝津國東區今橋町	同二十八年	商業	三年	二	一		一	二〇		一二〇	七		七	五二	四五二
	中大江實業補習學校	市立	攝津國東區系屋町	同二十七年	商業	三年	三				七五		七五				三〇	二三〇
	横濱商業學校	市立	武藏國横濱市北仲通	同二十五年	甲種商業	本科五年 豫科二年	三 四	一九 三		一九 三	四 二一		一四 二一	二八 六一		二八 六一	四、四三三	三三、七八
神奈川	横濱商業補習學校	市立	武藏國横濱市北仲通	同二十八年	商業	三年	三	一〇		一〇	一三五		一三五	一三		一三	一、七三九	三、七六九
兵庫	兵庫縣農學校	縣立	播磨國明石郡明石町	同三十年	甲種商業	三年	四	八		八	一三〇		一三〇	二		二	四四三	一六、〇五二

兵庫	神戸商業學校	縣立	攝津國神戸市楠町	同十一年	甲種 商業	四年	九	一五 二		一五 二	三七三		三七三	四四		四四	三〇四五	一七八五一
	兵庫縣蠶業學校	縣立	但馬國養父郡八鹿村	同三十三年	甲種 蠶業	本科三年 別科四月	三	九		九	六八	，	六八	一〇 四		一〇 四	三三	一三七二〇
	津名郡陶器學校	郡立	淡路國津名郡志筑町	同三十年	窯業	本科二年 練習科一年	二 一	四		四	二八 四		二八 四	六		六		三三〇三
	湊川實業補習學校	市立	攝津國神戸市上橋通	同三十年	工業 商業	三年 三年	三 三	一		一	八六 八八		八六 八八	六 五		六 五		一〇八四
	有馬農業補習學校	町村立	攝津國有馬郡三田町	同二十九年	農業	三年	二	二		二	三〇		三〇	七		七		九九八
	神戸商業補習學校	市立	攝津國神戸市元町通	同三十一年	商業	三年	三				三一		三一	五		五		七六六
	兵庫實業補習學校	市立	攝津國神戸市永澤町	同三十一年	商業 工業	三年 三年	三 二				一〇〇 三三		一〇〇 三三	五 二		五 二	一三	八四三
	篠山商業補習學校	町立	丹波國多紀郡篠山町	同三十一年	商業	二年	一				一七		一七	三		三	一五	七三
長崎	長崎商業學校	市立	肥前國長崎市馬場	同十九年	甲種 商業	本科四年 豫科一年	八 二	一七 一		一七 一	三三七 一七三		三三七 一七三	三五 五七		三五 五七	三〇二	二一六九二
	小野農業補習學校	村立	肥前國北高來郡小野村	同三十年	農業	三年	二	三		三。	五九	一〇	六九	八	一	九	六六	九一七
	有川水產補習學校	村立	肥前國南松浦郡有川村	同三十年	水產	二年	二	二		二	四三		四三	六		六		八〇七
	高田農業學校	郡立	越後國中頸城郡高田町	同三十二年	甲種 農業	三年	二	一七		七	六五		六五					三、七三二

新潟	新潟商業學校	市立	越後國新潟市學校町通	同二十年	甲種商業	本科三年 豫科二年	四 四	一七		一七	九一 二六〇		九一 二六〇	八 六二		八 六二	二〇四八	九四三
	能生水產補習學校	町立	越後國西頸城郡能生町	同三十二年	水產	三年	二	二		二	三七		三七	六		六		七八五
	上海府商船補習學校	村立	越後國岩船郡上海府村	同三十三年	航海學	二年	一				一八		一八					三三
群馬	群馬縣吾妻農學校	縣立	上野國吾妻郡中之條町	同三十一年	甲種農業	三年	二	九		九	七六		七六				四三五	六八七
	群馬縣桐生織物學校	縣立	上野國山田郡桐生町	同二十九年	染織	本科三年 別科六月以上二年以內 專攻科一年	三	六		六	四六 八 七		四六 八 七	六 二 一		六 二 一	二四五	八〇八〇
	群馬縣伊勢崎染織學校	縣立	上野國佐波郡伊勢崎町	同二十九年	染織	本科三年 別科六月以上一年以內 專攻科一年	三 二 一	五		五	四五 二〇 一		四五 二〇 一	七 七		七 七	二七八	七七〇七
千葉	千葉縣茂原農學校	縣立	上總國長生郡茂原町	同三十年	甲種農業	三年	三	八		八	一三〇		一三〇	三六		三六		一五九七
	小御門農學校	村立	下總國香取郡小御門村	同三十二年	乙種農業	二年	二	二		二	四六		四六				一三五	四二一
	良文農學校	村立	下總國香取郡良文村	同三十三年	乙種農業	二年	二	三		三	三〇		三〇				一二五	四二七
	大多喜工業補習學校	町立	上總國夷隅郡大多喜町	同二十九年	工業	三年	三	二	一	三		六二	六二		一〇	一〇	五三	二五四
	睦農業補習學校	村立	下總國千葉郡睦村	同三十三年	農業	三年	一	一		一	一四		一四				九	一九
	須賀農業補習學校	村立	下總國匝瑳郡須賀村	同三十三年	農業	三年	二	一		一	七三		七三					

千葉	福岡商業補習學校	町立	下總國匝瑳郡福岡町	同三十三年	商業	三年	二			五〇		五〇				
茨城	茨城縣農學校	縣立	常陸國東茨城郡常磐村	同二十九年	甲種農業	三年	三	六	六	一二四		一二四	二〇	二〇		二、〇九八
	結城蠶業學校	町立	下總國結城郡結城町	同三十年	乙種蠶業	二年	三	四	四	六九		六九	二	二	三五	二、〇四
	小瀨農業補習學校	村立	常陸國那珂郡小瀨村	同三十二年	農業	三年	一	一	一	六五	二	六七	一五	一五		四〇〇
栃木	栃木縣工業學校	縣立	下野國足利郡足利町	同二十六年	工藝	本科三年 / 別科一年 / 專攻科一年	三 / 一 / 一	一〇	一〇	六二 / 四		六二 / 四	一〇 / 四	一〇 / 四	三四	一五三三
	栃木縣農學校	縣立	下野國那須郡野崎村	同二十八年	甲種農業	三年	三	八	八	一四七		一四七	一九	一九	八五三	九、二八九
	大山田工業補習學校	村立	下野國那須郡大山田村	同二十九年	工業	三年	二	三	三	三三		三三	四	四	六七	八九一
奈良	南葛城郡農學校	郡立	大和國南葛城郡御所町	同三十三年	乙種農業	二年	二	三	三	五一		五一	九	九	六一	四、四〇
三重	四日市商業學校	市立	伊勢國四日市市濱一色	同三十年	甲種商業	本科三年 / 豫科二年 / 專攻科一年	四 / 二 / 一	三三	三三	一三六 / 六九 / 四		一三六 / 六九 / 四	三 / 六 / 四	三 / 六〇 / 四	二四六	七、四七五
	鳥羽商船學校	町立	志摩國志摩郡鳥羽町	同三十一年	甲種航海學 / 同機關學	二年 / 二年	二 / 二	六	六	二四 / 七		二四 / 七	五	五	四三	三、〇五三
	大湊造船徒弟學校	町立	伊勢國度會郡大湊町	同三十一年	造船	三年	三	一	一	八七		八七	八	八		一、六五〇
	八知農業補習學校	村立	伊勢國一志郡八知村	同三十一年	農業	二年	一			一〇		一〇	一八	一八		三

	立成農業補習學校	村立	伊勢國一志郡本村	同三十二年	農業	二年	一				九		九	七		七	二〇	二三
愛知	知多郡農學校	郡立	三河國知多郡半田町	同三十一年	乙種農業	二年	二	三		三	三八		三八	一四		一四		四〇・五三
	名古屋商業學校	市立	尾張國名古屋市南鍛冶屋町	同十七年	甲種商業	本科三年 豫科一年 專攻科一年 速成科一年	六 三 一 六	一 三五		一 三五	二四三 二五 二 七		二四三 二五 二 七	二六七 二四 二 四三		二六七 二四 一 四三	五二六七	三〇・三四六
	瀨戶陶器學校	町立	尾張國東春日井郡瀨戶町	同二十八年	陶磁器	本科三年 專攻科	三	五		五	一 二八		一 二八	四		四	三五	二八四
	熱田實業補習學校	町立	尾張國愛知郡熱田町	同二十九年	商業 工業	三年 三年	六	七		七	三 三九		三 三九	一 一〇		一 一〇	一三五	一五・七
	常滑陶器學校	町立	尾張國知多郡常滑町	同三十三年	陶器	本科三年 專攻科	四	四		四	二 二三	一	二 二三	四	一	五	三三	一七四〇
	遠安工業補習學校	村立	尾張國海東郡寶村	同十七年	工業	二年	一	二		二	三六		三六	一八		一八		七三
	半田商業補習學校	町立	尾張國知多郡半田町	同三十三年	商業	二年	二	三		三	四五		四五	一六		一六	六〇	五四三
	作手農林補習學校	町村立	三河國南設樂郡巴村	同三十一年	農業	三年	三	二		二	四三		四三				六四	九一六
	一宮實業補習學校	町村立	尾張國中島郡一宮町	同三十一年	商業	二年	一	四		四	五五		五五	三		三	二七	九三六
靜岡	靜岡縣農學校	縣立	遠江國磐田郡見付町	同二十九年	甲種農業	三年	四	八		八	一五〇		一五〇	三		三	八九四	七二八四
	富士郡立農林學校	郡立	駿河國富士郡大宮町	同三十二年	乙種農業	三年	一	三		三	二九		二九				一三	三二七九

靜岡	濱名郡立蠶業學校	郡立	遠江國濱名郡天神町村	同三十年	乙種蠶業	本科二年 別科六月	二 一	三		三	三三		五五	四 三五		四 三五		四三〇二
	濱名郡立水產學校	郡立	遠江國濱名郡舞坂町	同三十一年	乙種水產	三年	二	三		三	四三		四三	六		六		一〇二〇
	靜岡商業學校	市立	駿河國靜岡市追手町	同三十一年	甲種商業 乙種商業	本科三年 豫科二年 本科二年	三 二 二	三		三	一〇九 六九 五八		一〇九 六九 五八	二七		二七	二三六	七〇八一
	濱松商業學校	町立	遠江國濱名郡濱松町	同三十二年	乙種商業	三年	四	七		七	一〇四		一〇四	一八		一八	一〇八	四一三九
	沼津商業學校	町立	駿河國駿東郡沼津町	同三十二年	乙種商業	三年	二〇	五		五	一三三		一三三	四九		四九	一三四	一二四六七
	南上農業補習學校	村立	伊豆國賀茂郡南上村	同三十年	農業	三年	二	二		二	五六		五六	七		七	一五三	六七〇
	田子實業補習學校	村立	伊豆國賀茂郡田子村	同二十九年	水產	三年	二	三		三	六四		六四	六		六	一五四	一二一四
	三濱水產補習學校	村立	伊豆國賀茂郡三濱村	同三十一年	水產	三年	二	二		二	三三		三三	八		八		五七一
	富岡農業補習學校	村立	遠江國磐田郡富岡村	同三十一年	農業	三年	三	三		三	八九		八九	一九		一九	三二五	一七八二
山梨	山梨蠶業學校	郡立	甲斐國東八代郡石和村	同二十九年	乙種蠶業	二年	二	三		三	三七		三七	一五		一五	一六〇	一六六四
	南都留染織學校	郡立	甲斐國南都留郡谷村町	同二十九年	染織	三年	三	四		四	三〇		三〇	七		七		二七九一
	金田農業補習學校	村立	甲斐國東八代郡國立村	同二十八年	農業	三年	三	三	一	四	九二	三	二四	二八	六	三四	一七三	八八六

滋賀	滋賀縣農學校	縣立	近江國阪田郡長濱町	同三十二年	甲種農業 同蠶業	三年 三年	三 三	一〇		一〇	九三 三三		九三 三三	二 五		二 五		一三九七
	滋賀縣商業學校	縣立	近江國大津市神出	同十九年	甲種商業	本科四年 豫科一年	九 一	二 一		三	三四 一六		三四 一八	五三 一八		五三 一八		二五四五 四七、八二
	伊香農業補習學校	郡立	近江國伊香郡北富永村	同二十九年	農業	三年	三	五		五	一〇七		一〇七	一八		一八	一五五	一七九七
岐阜	岐阜縣農學校	縣立	美濃國稻葉郡加納町	同三十三年	甲種農業	三年	一	六		六	四四		四四				一四六	二三六、七三
	土岐郡陶器學校	郡立	美濃國土岐郡土岐津町	同三十三年	陶器	三年	三	六		六	五六		五六	一三		一三		四九七〇
	坂下實業補習學校	村立	美濃國惠那郡坂下村	同三十一年	養蠶 製紙	三ヶ年	二	四		四	六四		六四	三五		三三		一〇七三
長野	上伊那郡甲種農蠶學校	郡立	信濃國上伊那郡伊那町	同二十八年	甲種 農業	本科三年 別科四月	四 一	五		五	二三 二		二三 二二	三三		三三		三四、八五一
	小縣蠶業學校	郡立	信濃國小縣郡上田町	同二十五年	甲種 蠶業	本科二年 別科八月	二 一	八		八	三三 四九		三三 四九	三〇 三九		三〇 三九	三七	六三、五五
	長野乙種商業學校	市立	信濃國長野市	同三十二年	乙種商業	三年	一	二		二	二〇		二〇				一五八	一七二四
	小諸實業補習學校	町立	信濃國北佐久郡小諸町	同三十二年	農業 工業	三年	二 二	三	一	三	三	三	三 三三				三九	一〇三九
	岩村田實業補習學校	町立	信濃國北佐久郡岩村田町	同三十二年	農業 工業	三年	三 三	三	三	六	四五	三〇	四五 三〇	二〇	三〇	二〇 三〇	二四	八六〇
	蓼科實業補習學校	村立	信濃國北佐久郡蘆田村	同三十二年	農業	三年	一	二		二	二九	三	三三				一三	一〇九

長野	湖東農業補習學校	村立信濃國諏訪郡湖東村	同三十四年	農業	三年	二	一		一	八五		八五				一四	三一
	米澤實業補習學校	村立信濃國諏訪郡米澤村	同三十四年	農業	二年	一	一		一	六〇		六〇				四	三
	淺川農業補習學校	村立信濃國上水內郡淺川村	同三十三年	農業	三年	二	二		二	六〇	四〇	一〇〇				四四	九四
宮城	宮城農學校	縣立陸前國名取郡茂ヶ崎村	同十八年	甲種農業	三年	三	二		二	八五		八五	二六		二六		一四、二八一
				同獸醫學	三年	三				六二		六二	一七		一七		
				別科	一年	一				二八		二八					
	遠田郡農學校	郡立陸前國遠田郡涌谷町	同二十九年	乙種農業	二年	三	六		六	八〇		八〇	三三		三三		七、六一四
	栗原郡農學校	郡立陸前國栗原郡若柳町	同三十一年	乙種農業	二年	二	七		七	六五		六五	一〇		一〇		八、五二〇
	亘理蠶業學校	郡立磐城國亘理郡亘理町	同三十一年	乙種蠶業	本科二年	二	三		三	六五		六五	二九		二九		三、六〇四
					別科一年	一				四	五	九	四	五	九		
	牡鹿郡水產學校	郡立陸前國牡鹿郡石卷町	同二十九年	乙種水產	三年	三	四		四	四二		四二	三		三		四、三六一
	仙臺市工業學校	市立陸前國仙臺市北一番町	同二十九年	工業	木工四年	四	一四		一四	五四		五四	一四		一四	一四四	六、二五八
					金工四年	三				三五		三五					
	仙臺市商業學校	市立陸前國仙臺市片平町	同二十九年	甲種商業	本科三年	一	九		九	三三		三三				一三八	三、七八八
					豫科一年	一				九二		九二	三		三		
	古川農業補習學校	町立陸前國志田郡古川町	同三十三年	農業	二年	一	二		二	四八		四八					四六八
	福島縣蠶業學校	縣立岩代國信夫郡渡利村	同二十九年	乙種蠶業	本科二年	四	一〇		一〇	八二		八二	一八		一八		一五、七三一
					別科四月								二四		二四		

福島	大沼郡本鄉窯業徒弟學校	村立	岩代國大沼郡本鄉村	同二十八年	窯業	二年	三	五		五	五〇		五〇	一		一		二・九七
	會津漆器徒弟學校	市立	岩代國若松市	同三十一年	漆器	三年	二	六		六	三		三					二・〇二八
	福島商業補習學校	町立	岩代國信夫郡福島町	同三十年	商業	三年	二	四		四	七八		七八	一六		一六	三八	九二一
岩手	岩手縣實業學校	縣立	陸中國盛岡市内丸	同三十一年	工業	木工三年 同別科二年 金工三年	三 一 三	二		二	四七 一 三六		四七 一 三六	二一 一 八		二一 一 八		一五三・八
	岩手縣農學校	縣立	陸中國盛岡市仁王小路	同三十一年	甲種農業 同獸醫學 蠶業講習科	三年 三年 七箇月	一 三 三	一三		三	一六 五四 七九		一六 五四 七九	一四 一二 一〇		一四 一二 一〇		三〇・七一七
	下閉伊郡水產學校	郡立	陸中國下閉伊郡宮古町	同三十一年	乙種水產	三年	三	二		二	一八		一八	三		三〇		三六・一〇
	太田農業補習學校	村立	陸中國岩手郡太田町	同二十九年	農業	二年	二	一		一	七〇		七〇	六二		六		四四三
	湯口農業補習學校	村立	陸中國稗貫郡湯口町	同三十一年	農業	三年	一	二		二	四五		四五	三		三	三七	二一六
青森	青森縣農學校	縣立	陸奧國上北郡三本木村	同三十一年	甲種農業 同獸醫學	三年 三年	二 二	七		七	三 四四		三 四四					一三六〇二
	深浦村水產補習學校	村立	陸奧國西津輕郡深浦村	同二十九年	水產	三年	一	二		二	五八	三	七〇	四	一	五		八三五
	八戶實業補習學校	町立	陸奧國三戶郡八戶町	同三十年	蠶業 手工 裁縫 刺繍	二年	二	二	二	四	一	九九	一〇	一	二〇	三	一〇五	一三・三七
	宇鉄水產補習學校	村立	陸奧國東津輕郡三厩村	同三十二年	水產	三年	一	二		二	三	四	六					五二三

青森	湊水產補習學校	村立	陸奧國三戶郡湊村	同三十三年	水產	三年	一	二		二	二七	五	四二				四二	八八七
山形	山形縣工業學校	縣立	羽前國米澤市南堀端町	同三十年	工藝	本科三年 專攻科一年 別科一年	三 一 二	八		八	八七 三 一四		八七 三 一四				一四三	一六九二七
	山形縣村山農學校	縣立	羽前國北村山郡楯岡町	同二十八年	甲種農業	本科三年 豫科一年	一 一	八		八	三九 二三		三九 二三	三		三	六〇二	六九八
	南置賜郡蠶業學校	郡立	羽前國米澤市屋代町	同二十九年	乙種蠶業	本科二年 別科六月	一 一	三		三	四三 一七		四三 一七	二五 一七		二五 一七	七六	二六四九
	庄內蠶業學校	郡立	羽後國飽海郡松嶺町	同二十九年	乙種蠶業	本科二年 別科四月	一 一	四		四	七四 四		七四 四					五九一
	西田川郡庄內染織學校	郡立	羽前國西田川郡鶴岡町	同二十九年	染織	二年	四	四		四	三〇	三〇	五〇	二	二	四	三〇	四〇一六
	本鄉農業補習學校	村立	羽前國西村山郡本鄉村	同二十七年	農業	三年	二	二		二	六二		六二	一〇		一〇	二〇	四七一
	妙見寺農業補習學校	村立	羽前國南村山郡東澤村	同二十八年	農業	三年	一	一		一	二六		二六	三		三		四四一
	關根農業補習學校	村立	羽前國南置賜郡山上村	同三十年	農業	三年	一	二		二	二六		二六	二		二	一八	三三四
	中山農業補習學校	村立	羽前國東置賜郡中川村	同三十二年	農業	三年	一	二		二	七二		七二	八		八	一八	五六四
秋田	秋田縣農業學校	縣立	羽後國南秋田郡寺內村	同二十八年	甲種農業	三年	三	一〇		一〇	一〇八		一〇八	三六		三六		九九二八
	秋田市工業徒弟學校	市立	羽後國秋田市下中城町	同二十九年	木工 金工 漆工 選習科	三年 三年 三年 二年	一 一 一	一〇		一〇	三 九 二 三		三 五 二 三	四 一 二		四 一 二		四九三

表

	八森水產補習學校	村立	羽後國山本郡八森村	同二十九年	水產	二年	二	二		二	三七		三七	一五		一五	二五	六三四
福井	福井縣農學校	縣立	越前國福井市足羽上町	同二十八年	甲種農業	本科三年 別科二年	三	二		二	一〇五		一〇五	九 三三		九 三三		一七一七〇
	福井縣水產學校	縣立	若狹國遠敷郡雲濱村	同二十八年	乙種水產	本科二年一月 別科上六月	二	四		四	六九		六九	八 三三		八 三三		六〇四九
	福井縣染織學校	縣立	越前國福井市江戶上町	同三十三年	染織	三年	一	五		五	二〇		二〇					六〇五五
石川	石川縣工業學校	縣立	加賀國金澤市出羽町	同二十年	工藝	本科四年 [illegible] 別科[illegible]	三 三	三		三	九四 二 一九		九四 二 一九	三		三		三九二五〇
	石川縣農學校	縣立	加賀國能美郡小松町	同十九年	甲種農業三年 同獸醫學三年 補習科一年		三 三 一	二		二	九九 四九 三		九九 四九 三	一九 三		一九 三		一四二五九
	七尾商業學校	町立	能登國鹿島郡七尾町	同三十年	乙種商業	本科三年 專修科一年	三 一	五		五	三八 四三		三八 四三	四 四〇		四 四〇	八四	一七二七
	山中漆器徒弟學校	村立	加賀國江沼郡山中村	同二十九年	木工 髹漆 描金	三年 三年 三年	一 一 一	四		四	六 三 九		六 三 九	一 一		一 一		一八七二
	島屋實業補習學校	村立	能登國鹿島郡島屋村	同三十一年	農業	本科三年 研究科二年	三	三		三	七九 四		七九 四	一四		一四	三二	四四一五
	金澤商業學校	市立	加賀國金澤市出羽町	同三十三年	甲種商業	本科三年 豫科二年	一 一	三		三	三一 五〇		三一 五〇				六七四	三四三〇
	山島農業補習學校	村立	加賀國石川郡山島村	同三十三年	農業	二年	一	一		一	一〇二		一〇二				三	二七四
	大野農業補習學校	村立	加賀國石川郡大野村	同三十三年	農業	三年	一				一八		一八					八五

石川	押野農業補習學校	村立	加賀國石川郡押野村	同三十三年	農業	三年	一		一	一	一〇	九	九			三三	七一
	林農業補習學校	村立	加賀國石川郡林村	同三十三年	農業	三年	一				一八	三	九			五	九六
	宮保農業補習學校	村立	加賀國石川郡宮保村	同三十三年	農業	三年	一	一		一	一〇	二	三	四	四		四一
	柏野農業補習學校	村立	加賀國石川郡柏野村	同三十三年	農業	三年	一				二〇		二〇				四〇
	醫王山農業補習學校	村立	加賀國河北郡醫王山村	同三十三年	農業	二年	一				三〇		三〇	五	五		一三三
	北川尻農業補習學校	村立	能登國羽咋郡北大海村	同三十三年	農業	三年	二	二		二	二四		二四			一六五	七六五
	羽咋農業補習學校	町村立	能登國羽咋郡羽咋町	同三十三年	農業	三年	二	二		二	二七		五七			一七	七七一
	高濱農業補習學校	町立	能登國羽咋郡高濱町	同三十三年	農業	三年	二	二		二	九七		九七			三四	五一七
富山	富山縣工藝學校	縣立	越中國射水郡下關村	同二十七年	工藝	本科四年・別科三年・專修科一年	三、二	一六		一六	一〇三、二七、二		一〇三、二七、二	二八	二八		四一七六
	富山縣農學校	縣立	越中國東礪波郡福野町	同二十七年	甲種農業	本科三年・補習科二年	四、一	一〇		一〇	四四、二		四四、二	三四、二	三四、二		一六八九
	八尾蠶業學校	町立	越中國婦負郡八尾町	同二十九年	乙種蠶業	三年	三	三		三	三		三	五	五		三〇九五
	高岡商業學校	市立	越中國高岡市油町	同三十年	甲種商業	本科三年・傚科一年	三、一	六		一六	一六、三		一六、三	一五	一五	三六	四八二

	富山商業學校	市立	越中國富山市中野新町	同三十年	甲種商業 本科三年 豫科一年 乙種商業 本科二年		三 一 二	八		八	二〇 一八 七〇		二〇 一八 七〇	二七 二六		二七 二六	八二〇	一七〇一五
	石動實業補習學校	町立	越中國西礪波郡石動町	同二十九年	機織	三年	一	二	二	四	二	二八	三〇		五	五		七三三
	堀川農業補習學校	村立	越中國上新川郡堀川村	同二十九年	農業	二年	二	一	一	二		一三	一三					三三六
島取	鳥取縣農學校	縣立	伯耆國東伯郡社村	同二十八年	甲種農業	本科三年 別科一年	三	八		八	一二五		一二五	四〇 二七四		四〇 二七四	一九七	一六三八一
	境商業補習學校	町立	伯耆國西伯郡境町	同三十三年	商業	三年	一	一		一	一五		一五				五	一〇九七
	泊水産補習學校	村立	伯耆國東伯郡泊村	同三十三年	水産	三年	一	二		二	二五		二五				五	一一〇
島根	島根縣農林學校	縣立	出雲國八東郡乃木村	同三十三年	甲種農學	三年	一	五		五	四九		四九				二六五	五七九
	島根縣商業學校	縣立	出雲國松江市殿町	同三十三年	甲種商業	三年	一	六		六	四三		四三				三四	四六四
	八東郡出雲鄉村實業補習學校	村立	出雲國八東郡出雲鄉村	同三十三年	農業	三年	二	三		三	六一	三	六四	四三	一	四四	一七五	七五八
	邑智郡市木村實業補習學校	村立	石見國邑智郡市木村	同三十三年	農業	三年	一	一		一	一三		一三				五	九〇五
	八東郡生馬村實業補習學校	村立	出雲國八東郡生馬村	同三十三年	農業	二年	一				三		三				一〇	一五五
	大原郡海潮村實業補習學校	村立	出雲國大原郡海潮村	同三十二年	工業 農業	三年 三年	一 一	三	一	四	八	一四	八 一四				三	一〇三三

岡山	岡山縣農學校	縣立	備前國御津郡伊島村	同三十二年	甲種農業 同獸醫學	三年 三年	三 三	三		三	元 二		天 二	一六 八		一六 八	七三	一一五三七
	岡山縣商業學校	縣立	備前國岡山市內山下	同三十一年	甲種商業	三年	六	三		一三	三六		一三六	二四		二四	一八七三	一八九八六
	磐梨實業補習學校	村立	備前國磐梨郡小野田村	同三十一年	染織	三年	二	一	一	二		三〇	三〇		一〇	一〇		一八四三
	兒島實業補習學校	村立	備前國兒島郡鴻村	同二十八年	染色	三年	四	五		五	九一	四〇	一三	一〇	六	一六	三七	一八六七
廣島	廣島縣商業學校	縣立	備後國尾道市十四日町	同二十一年	甲種商業	三年	四	二		一二	三		一三				七四八	六七七〇
	廣島市立廣島商業學校	市立	安藝國廣島市材木町	同三十三年	甲種商業 乙種商業	三年 三年	二 一	六		六	三七 九一		三七 九一				六四八	三六五三
	藝陽商船學校	町立	安藝國豐田郡東野村	同三十一年	甲種航海學 乙種航海學	本科三年 專修科六月 本科三年	三 一 一	六		六	八一 二四 九		八一 二四 九	八九 九		八九 九	三八二	一六八一
	廣島縣職工學校	縣立	安藝國廣島市大須賀村	同三十年	木工 金工	三年 三年	三 三	八		八	三六 六六		三六 六六	一五 一四		一五 一四		一九九七〇
	竹原實業補習學校	町立	安藝國賀茂郡竹原町	同二十八年	農工業	二年	一				三三		三三	三		三		一九
	熊野實業補習學校	村立	備後國沼隈郡熊野村	同二十九年	農工業	本科三年 別科六月	三 一	三	一	四	六二	二三 三三	六六 三三	四	一 七	五 七	三三	一八九二
	八幡農業補習學校	村立	備後國比婆郡八幡村	同二十九年	農業	三年	三	四	一	五	八〇	七	八九	一八		一八	七三	七五〇
	大朝實業補習學校	村立	安藝國山縣郡大朝村	同三十三年	農業	二年	一	一		一	二五		二五		一			七八

山口	山縣西部實業補習學校	町村立	安藝國山縣郡加計町	同三十三年	工業	三年	一	二		二	一〇		一〇					九三
	山口縣農業學校	縣立	周防國吉敷郡大内村	同十八年	甲種農業 同獸醫學 乙種農業 同養蠶	三年 三年 二年 二年	一 一 二 二	二		二	二七 九 二四 二四		二七 九 二四 二四	九 一四		九 一四 六	四二	一二五九八
	赤間關商業學校	市立	長門國赤間關市關後地村	同十七年	甲種商業 乙種商業	本科三年 豫科一年 本科三年	五 二 三	一七 一		一七 一	一五八 八三 八六		一五八 八三 八六	三 一八		三 一八	二八〇	一〇七七九
	山口縣大島郡甲種商船學校	郡立	周防國大島郡屋代村	同三十年	甲種航海學 甲種機關學	本科六年 專修科 六年六月	五 五	九		九	五三 一三 四五		五三 一三 四五	一五		一五	七八	九四三
	下關實業補習學校	市立	長門國赤間關市關後地村	同二十七年	商業 裁縫	本科二年 簡易科二年 專修科二年	一 三 二	八	三	二		二 二五 三	二 二五 三		二 六	二 六	一七八	一六八六
和歌山	黑江漆器學校	町立	紀伊國海草郡黑江町	同三十一年	漆工	三年	三	三		三	三		三	六		六		一六六
徳島	榮農業補習學校	村立	阿波國板野郡榮村	同二十八年	農業	三年	二	二		二	四二	一七	五九	六	二	八	二六	六〇九
	市香農業補習學校	村立	阿波國阿波郡市香村	同二十八年	農業	三年	二	二		二	六一	一〇	七一	一三	二	一五	五〇	七五三
香川	香川縣工藝學校	縣立	讚岐國高松市八番町	同三十一年	工藝	四年	六	二		二〇	一〇二		一〇二					一六〇五
	高松商業學校	市立	讚岐國高松市濱之町	同三十三年	甲種商業	本科三年 豫科二年	一 二	六		六	三 一七六		三 一七六				六五九	五五六七
	多度津染織學校	町立	讚岐國仲多度郡多度津町	同三十三年	染織	本科三年 速成科一年	五 二	五		五	三 一六	三	三 一八		一六	一六		一〇四〇七
	粟島航海學校	郡立	讚岐國三豐郡粟島村	同三十年	甲種航海學 同機關學	六年 六年	三 二	八		八	三〇 二五		三〇 二五				三三	六二七〇

香川	琴平工業徒弟學校	町立	讃岐國仲多度郡琴平町	同三十一年	木工	三年	三	六		六	一三		一三	一〇		一〇		三六六二
					髹漆	三年	三				一〇		一〇	三		三		
					描金	三年	一				二		二					
	鹽飽工業補習學校	村立	讃岐國仲多度郡本島村	同三十年	工業	三年	六	三		三	四〇	一七	五七	五	七	三		一三〇六
高知	高知縣農學校	縣立	土佐國高知市北門筋	同二十八年	甲種農業 本科	三年	三	一〇		一〇	一三		一三	一〇		一〇		一三九九
					別科	一年以內								二		二		
					豫科	一年	一				一九		一九	二七		二七		
	高知市商業學校	市立	土佐國高知市帶屋町	同三十一年	甲種商業 本科	三年	二	一三		一三	五〇		五〇				一七五三	六二六七
					豫科	二年	四				一六七		一六七					
					專修科	一年	三				一四〇		一四〇					
	佐川實業補習學校	町村立	土佐國高岡郡佐川町	同二十八年	工業	三年	一	一	一	二		七七	七七		九	九	八七	八四三
	介良村外五箇村立實業補習學校	村立	土佐國長岡郡介良村	同二十八年	農工業	三年	四	三	五	八	九七	三一	一二八	一〇	一八	一八	二七一	二三五六
	宇佐實業補習學校	村立	土佐國高岡郡宇佐村	同二十八年	水產	三年	四	二	二	四	五三	六二	一一五	二	六	一七	一五〇	五八三
	柏島水產補習學校	村立	土佐國幡多郡奧內村	同二十八年	水產	三年	一	一		一	五六		五六	五		五		四四四
	浮津水產補習學校	村立	土佐國安藝郡室戶村	同二十九年	水產	三年	二	二		二	六五		六五	五		五	五三	五五八
	長岡女子實業補習學校	町村立	土佐國長岡郡長岡村	同二十九年	裁縫	三年	一	一	三	四		三五	三五		九	九	一三	四九五
	高岡女子實業補習學校	町村立	土佐國高岡郡高岡町	同二十九年	裁縫	三年	一	一	三	四		八五	八五		一〇	一〇	七三	四七五
	東又農業補習學校	村立	土佐國高岡郡東又村	同二十九年	農業	三年	二	三		三	四三		四三	二		二		五一

	鏡野女子實業補習學校	町村立	土佐國香美郡山田町	同三十年	裁縫	三年	二	二	一	三		四三	四三		五	五	一五八	一六三
	伊野實業補習學校	町立	土佐國吾川郡伊野町	同二十九年	商業	三年	二	二		二	三七		三七				八一	五四三
	志和實業補習學校	村立	土佐國高岡郡東又村	同二十九年	水產	三年	一	一		一	三		三					一四
福岡	福岡工業學校	縣立	筑前國福岡市東港町	同二十九年	工業	染織三年	三	一三		一三	一三三		一三三	七		七	一五〇八	五〇六・九五
						木工三年	三				四七		四七	五		五		
						金工三年	三				九八		九八	二〇		二〇		
	福岡工業學校久留米分校	縣立	筑後國三井郡國分村東久留米	同三十二年	染織	三年	二	五		五	三一		三一					
	福岡工業學校小倉分校	縣立	豐前國企救郡西紫村篠崎	同三十二年	金工	三年	二	五		五	六三		六三					
	福岡商業學校	市立	筑前國福岡市材木町	同三十二年	甲種商業	四年	二	六		六	七八		七八				三二	一四四八
					乙種商業	三年	一				五五		五五					
	久留米商業學校	市立	筑後國久留米市庄島町	同二十九年	甲種商業	本科三年	三	二		二	一六		一六	一九		一九	一三七八	六五七
						豫科一年	一				五三		五三	四〇		四〇		
大分	大分縣農學校	縣立	豐後國北海部郡臼杵町	同二十七年	甲種農業	三年	三	一六		一六	六九		六九	三		三	六七	一〇・〇八二
					同獸醫學	三年	三				八二		八二	四		四		
					同水產	三年	三				二一		二一	五		五		
	大野郡農業補習學校	郡立	豐後國大野郡三重村	同二十九年	農業	三年	三	三		三	八二		八二	六		六	四四	一四〇八
佐賀	佐賀縣農學校	縣立	肥前國佐賀郡神野村	同三十一年	甲種農業	三年	三	九		九	三三		三三	二四		二四		一三・三三〇
	佐賀縣工業學校	縣立	肥前國佐賀市水ケ江町	同二十九年	工業	木工三年	三	九		九	九〇		九〇	二六		二六		一四・三三〇
						金工三年	三				二六		二六	六		六		

佐賀	佐賀縣工業學校有田分校	縣立	肥前國西松浦郡有田町	同三十三年	陶磁器	本科四年	一	五		五	二		二					五三〇八
						別科一年	一				三		三	五		五		
	伊萬里商業補習學校	町村立	肥前國西松浦郡大坪村	同三十三年	商業	三年	二	二		二	五三		五三				三五	三六二
熊本	熊本縣工業學校	縣立	肥後國飽託郡大江村	同三十一年	工業	本科三年	三	二〇		二〇	一六六		一六六	四〇		四〇	五七五	四九一六七
						別科六ヶ月								三		三		
	熊本縣熊本農業學校	縣立	肥後國飽託郡出水村	同三十二年	甲種農業	本科三年	二	一〇		一〇	八九		八九				二九四	二五三五三
						別科六ヶ月								三		三		
	熊本商業學校	市立	肥後國熊本市新町	同二十九年	甲種商業	本科三年	四	三		三	一〇二		一〇二	三		三	三六三	八七三六
						豫科二年	四				一八九		一八九	五五		五五		
	古町商業補習學校	市立	肥後國熊本市山崎町	同二十七年	商業	二年	二				五三		五三	一六		一六	五	二四六
	水俣農業補習學校	村立	肥後國葦北郡水俣村	同二十七年	農業	二年	二				五〇		五〇	五		五	三	六〇
	八代東部農業補習學校	町村立	肥後國八代郡野津村	同二十八年	農業	二年	二	二		二	六五		六五	三五		三五	七三	五九一
	多良木實業補習學校	町村立	肥後國球磨郡多良木村	同三十年	農業	三年	一	一		一	五三		五三	一〇		一〇	七八	四〇三
	新町商業補習學校	市立	肥後國熊本市新町	同二十九年	商業	二年	二				八二		八二	三		三	六五	二五四
	坪井商業補習學校	市立	肥後國熊本市南千反畑町	同二十九年	商業	二年	二				六九		六九	二〇		二〇	四六	二六五
	矢部實業補習學校	町村立	肥後國上益城郡濱町村	同二十九年	農業	三年	二	四	一	五	四六		四六	九		九	三三〇	二七一九
					工業	三年	一					三五	三五		八	八		
					商業	三年	二				四〇		四〇	八		八		

熊本

西砥用實業補習學校	村立	肥後國下益城郡西砥用村	同二十九年	農業	三年	二				八二	一九	一〇〇	二	三	一四	一六九	三
南關實業補習學校	町村立	肥後國玉名郡南關町	同三十一年	農業	三年	二	四	一	五	五九	一四	七三	七	二	九	三六八	一五四〇
				商業	三年	二				一八	一六	三四	一		一		
住吉蠶業補習學校	村立	肥後國菊池郡泗水村	同三十一年	蠶業	三年	二				二	二四	二六		四	四	七三	三六二
白水實業補習學校	村立	肥後國上益城郡泉村	同三十一年	農業	三年	二	一		一	一八	一八	四六				九五	一八五
飽託郡工業徒弟學校	郡立	肥後國飽託郡本山村	同三十三年	漆工	三年	一	三		三	三		三					三九五
				木工	三年	一				七		七					
來民工業徒弟學校	町立	肥後國鹿本郡來民町	同三十三年	竹工 紙工	三年	二	一		一	一九	三	三					二〇七
熊本女子商業補習學校	市立	肥後國熊本市手取本町	同三十三年	商業	二年	一	一		一		一六	一六				三	四一九
代陽商業補習學校	町立	肥後國八代郡八代町	同二十九年	商業	三年	一				四五		四五					
米田農業補習學校	村立	肥後國鹿本郡米田町	同三十三年	農業	三年	二	一		一	四三	二八	七〇				一六八	一七三〇
八幡農業補習學校	村立	肥後國鹿本郡八幡村	同三十三年	農業	三年	一	一		一	二八		二八				一四	二九
綠川農業補習學校	村立	肥後國宇土郡綠川村	同三十三年	農業	二年	一				一三		一三				七	七八
網田農業補習學校	村立	肥後國宇土郡網田村	同三十三年	農業	二年	二				三六	六	四二				五四	三四二

熊本	小峰農業補習學校	村立	肥後國阿蘇郡小峰村	同三十三年	農業	三年	一	一		一	二		二					
宮崎	宮崎縣農學校	縣立	日向國宮崎郡赤江村	同三十三年	甲種農業 同獸醫學	三年 三年	三 三	一三		一三	七四 九〇		七四 九〇	一六 二八		一六 二八	六八九	一九〇九
	飫肥農業補習學校	町村立	日向國南那珂郡吾田村	同三十年	農業 水產	三年 二年	三 一	六		六	一〇二 三三		一〇二 三三	一四		一四	一三五	八一八三
	都城商業補習學校	町立	日向國北諸縣郡都城町	同三十一年	商業	三年	三	二		二	六七		六七	一八		一八	四四	八六六
鹿兒島	鹿兒島縣農學校	縣立	大隅國肝屬郡鹿屋村	同二十九年	甲種農業 本科三年 豫科二年 別科一年		二 二 二	一三		一三	二〇 九七 四〇		二〇 九七 四〇	一四 五		一四 一五	五九五	一四三四
	鹿兒島商業學校	市立	薩摩國鹿兒島市易居町	同二十七年	甲種商業 本科三年 豫科一年 乙種商業 本科二年		五 四 四	一八		一八	一六 一四三 一八三		一六 一四三 一八三	一〇 六九 六八		一〇 六九 六八	二九七	一七九七八
	鹿兒島女子徒弟學校	市立	薩摩國鹿兒島市易居町	同二十八年	染織刺繡 本科四年 造花 撰科		四	五	三	一七		一〇〇 四六	一〇〇 四六		一八 四七	一八 四七	二四九六	六〇五五
	伊作女子實業補習學校	村立	薩摩國日置郡伊作村	同二十六年	機織 裁縫	三年	三	二	五	七		二五	二五		二〇	二〇	五三	一九六三
	伊作男子實業補習學校	村立	薩摩國日置郡伊作村	同二十八年	農業 製紙	三年	三	四		四	五六		五六	八		八	四五	二三三五
	市成女子實業補習學校	村立	大隅國囎唹郡市成村	同二十九年	機織 裁縫	三年	一	一	二	三		三三	三三		三	三		六三五
	高山女子實業補習學校	村立	大隅國肝屬郡高山村	同三十二年	染織 裁縫	三年	二		一	一		三三	三三					二二三
	甑島水產補習學校	村立	薩摩國薩摩郡里村	同三十二年	水產	三年	三	三		三	三七		三七	九				六〇一

沖繩	篠川實業補習學校	村立	大隅國大島郡西方篠川村	同三十三年	農業	三年	二	六		六	八二		八二	一九		一九		一七九九
	首里女子實業補習學校	區立	琉球國首里區眞和志	同三十年	機織本科二年		二	一	三	四		三	二		六	六		二六九
					裁縫別科一年		二					六三	六三		二	二		
	國頭實業補習學校	間切立	琉球國國頭郡名護間切	同三十一年	農業	二年	二	二		二	五三		五三	三		三		三八二
總計							[illegible]	[illegible]	[illegible]	[illegible]	[illegible]	[illegible]	[illegible]	[illegible]	[illegible]	[illegible]	[illegible]	[illegible]

公立各種學校表

府縣	名稱	設立之區別	位置	創立年	學科	修業年限	學級數	教員 男	教員 女	教員 計	生徒 男	生徒 女	生徒 計	卒業者 男	卒業者 女	卒業者 計	授業料總額	經費總額
西京	西京市盲啞院	市立	山城國京都市上京區釜座通椹木町下	明治十一年	尋常科 專修科	五年 畢[illegible]年	六 七	一〇	五	一五	九七 三三	四一 二六	一三八 五九	六	二	八	二九一	四六五七
神奈川	中郡學校	郡立	相模國中郡金目村	同十九年	和漢英數學	三年	五	六		六	一〇五		一〇五	一五		一五	一〇三	八四〇七
長崎	磨屋町夜學校	市立	肥前國長崎市磨屋町	同二十年	和漢英簿記學	三年	五	七		七	二六三		二六三	六三		六三	一九七	八二六
奈良	吉野郡豫備學校	郡立	大和國吉野郡吉野村	同三十三年	和漢算術	一年	一	一		一	二三三		二三三	二八		二八		四二一九
靜岡	堰南學校	村立	遠江國榛原郡吉田村	同三十三年	和漢地英算學	三年	一	四		四	三五		三五				一六	五七〇
長野	高盛學校	村立	信濃國上高井郡高井村	同三十三年	和算農業	四年	三	一		一	一三五	一九	一五四				八	六九
長野	漸進學校	村立	信濃國上高井郡都住村	同三十三年	和算農業	四年	三	一		一	一五四	一五	一六九				三	五三
長野	温習學校	村立	信濃國上高井郡川田村	同三十三年	和算農業	三年	三				三七	五三	九〇					
長野	日下野裁縫學校	村立	信濃國上水內郡日里村	同三十三年	裁縫家事	四年	二					三七	三七					
福島	福島保嬰學校	町立	岩代國信夫郡福島町	同三十年	普通科	四年	一	二		二	一〇		一〇	一		一		九六

岡山	新見裁縫學校	町立	備中國阿哲郡新見町	同三十一年	裁縫	四年	一					三六	三六		二	二	一四九	四九三
	斯道女學校	村立	備中國上房郡上水田村	同三十三年	普通科	四年	三	一	四	五		七三	七三		二〇	二〇	二〇	六八
	公文裁縫學校	村立	美作國勝田郡公文村	同三十年	裁縫	三年	一		一	一		二四	二四		一〇	一〇	二四	七三
	大崎裁縫學校	村立	美作國勝田郡大崎村	同二十九年	裁縫	三年	一		一	一		二八	二八		三	三	一八	六〇
山口	佐波郡周陽學校	郡立	周防國佐波郡佐波村	同三十一年	和漢英歷史	三年	六	三		三	一八三		一八三		一八	一八	一七九八	四七五一
	德基女學校	郡立	長門國厚狭郡船木村	同六年	和算歷裁縫	四年	六	二	五	七		一〇三	一〇三		九	九	五八三	二一九五
德島	美馬郡教員養成所	郡立	阿波國美馬郡脇町	同三十三年	和算地歷史	五月	一	三		三				二九	七	三六		四六〇
愛媛	喜多學校	郡立	伊豫國喜多郡大洲町	同三十三年	普通科	四年	四	六		六	三六		三六	七六		七六	七七三	三三二〇
	宇摩郡小學校准教員養成所	郡立	伊豫國宇摩郡三島町	同三十三年	和算術外八科	六月	一	一		一	一八		一八	一八		一八		二四四
	温泉郡尋常小學校准教員養成所	郡立	伊豫國温泉郡三津濱町	同三十三年	和算術外八科	六月	一	一		一	三七		三七	三七		三七		五〇三
	伊豫郡尋常小學校准教員養成所	郡立	伊豫國伊豫郡郡中町	同三十三年	和算術外八科	六月								三六		三六		三九一
	西宇和郡教員講習所	郡立	伊豫國西宇和郡八幡濱町	同三十三年	和算術外八科	一年	一	一		一	四〇		四〇	一〇		一〇		五六四

	南宇和郡尋常小學校准教員養成所	郡立	伊豫國南宇和郡平城村	同二十三年	和算術外八科	六月							三六		三六		二四二
	東宇和郡尋常小學校准教員養成所	郡立	伊豫國東宇和郡宇和町	同二十三年	和算術外八科	六月	二	一		一	一七	二	二九	二七	一	一九		三七二
宮崎	高鍋學校	郡立	日向國兒湯郡上江村	同十二年	和漢英麻地數學	三年	三	五		五	九四		九四	一六		一六	三五〇	一五〇二
	總計					二五校	六七	六三	一九	八二	二四四	五三七	一〇八	四七	八四	五一	六六三三	三四四三

東京府私立諸學校表除小學校

名稱	位置	創立年	學科	修業年限	學級數	教員 內國人 男	教員 內國人 女	教員 外國人 男	教員 外國人 女	生徒 男	生徒 女	卒業生 本年以前 男	卒業生 本年以前 女	卒業生 本年 男	卒業生 本年 女	一年授業料總額	一年經費總額
明治義會中學校	東京市　町區富士見町四丁目	明治廿三年	本科	五年	二	三				五四七		三七九		四三		一三・三九二	一〇・六五五
日本中學校	同山元町一丁目	同廿五年	同	同	二	二三		英一		四六六		五五三		一〇		一〇・七二八	一〇・九九九
商工中學校	同大手町一丁目	同廿四年	同	同	三	一五				六〇二		三八六		三六		一三・三〇〇	一三・六五〇
日比谷中學校	同霞ケ關二丁目	同卅二年	同	同	一〇	一七		英一		五二六		一九八		二五		一三・三六八	一三・〇〇〇
曉星中學校	同飯田町三丁目	同卅二年	本科	五年	五	二六		英四		六八		四		三		一三・九三	六・〇九
錦城中學校	同神田區錦町三丁目	同廿三年	同	同	一五	二六				七五〇		六七五		一七		一六・三九〇	一六・三九一
獨乙協會學校中學	同西小川町一丁目	同廿六年	同	同	五	二六		獨一		八二三		六三〇		六六		一八・〇〇〇	一七・五〇〇
東京中學校	同猿樂町	同廿六年	同	同	三	二四				五一三		二七五		四九		一三・八八〇	一三・八八〇
大成中學校	同三崎町一丁目	同三十年	同	同	一〇	二四				五一五		一一九		七七		一〇・二八五	一〇・五八二
順天中學校	同仲猿樂町	同廿七年	同	同	八	一八				三五七		九七		一六七		八・八〇〇	一〇・七三〇

神田中學校	同錦町三丁目	同卅一年	同	同	九三			四二三	一五〇	一九二	八八〇〇	八〇〇〇
立教學院立教中學校	同京橋區明石町	同卅一年	同	同	九二〇			三〇八	一〇	三	五六五七	九六六八
正則中學校	同芝區芝公園第二十四號地	同廿二年	同	同	三三五			五四五	二〇八	六〇	一二一〇〇	一三五〇
攻玉社中學校	同芝新錢座町	同四年	同	同	三三三	英一		五二三	九九九	一三	一〇九八三	一五〇九二
明治學院普通部	同白金今里町	同十九年	普通科	同	五五	英四		一四〇	一三五	三	一四五六	七二五六
麻布中學校	同麻布區麻布本村町	同廿八年	本科	同	一四二四			六〇〇	一九六	八八	一四五二〇	一八五六
郁文館	同本鄉區駒込蓬萊町	同廿二年	同	同	一四三			六八一	四八二	三	一五〇六三	一四七四〇
京華中學校	同東竹町	同三十年	同	同	一五二九			七二八	一一四	六六	一〇〇一六	一〇一三六
早稻田大學	同牛込區早稻田町	同卅五年	政治學 法學 文學 經濟	三年三年三年三年	九四三	英三		一〇一〇	三三三	二四	三三五九	二七八三
早稻田中學校	同牛込區馬場下町	同廿九年	本科	五年	一六二九	一		八五四	九二	七六	一八四三三	一九四四
成城學校	同牛込原町三丁目	同十八年	同	同	五三五			六二一	六三二	一五六	一三〇二三	一八五六
東北中學校	同小石川區原町	同卅二年	同	同	八二二			三八〇	六六	六六	八六一八	一〇八〇八

東京藥學校	同下谷區上野櫻木町	同廿一年	藥劑學	二年	五二一			二〇七	四八一	四三	三七二四	三七二三
東京慈惠醫院醫學校	同芝區愛宕町二丁目	同廿四年	醫學	四年	八一七		英三	二八二 一	一五四	三五	四九三	六三〇七
濟生學舍	同本鄉區湯島四丁目	同九年	醫學	三年	六六			七七〇五一三〇三〇八三六八			七二〇九一〇	二七七二〇
和佛法律學校	同麴町區富士見町	同廿二年	法律	同	三四			九八六	七七三	三六	七八〇五	二八三
專修學校	同神田區今川小路二丁目	同十三年	理財 法律	同	三八			五一七	九六九	三八	四三五〇	四〇八五
明治法律學校	同駿河臺南甲賀町	同十四年	法律	同	三五		瑞一	一四三五	二〇〇五	一五	四四三八三	四七〇三六
東京法學院	同錦町二丁目	同十八年	法律 經濟	同	三四			三三九八	二四五六	一四	三五六六七	三三八二七
獨逸學協會學校	同西小川町二丁目	同十六年	獨逸語	二年	四三			二八五	六〇三		二八五〇	二八五〇
日本法律學校	同三崎町三丁目	同廿三年	法律	三年	四六		米二	八〇三	三六五	一八五	一四五二六	一三八五六
慶應義塾大學部	同芝區三田二丁目	同廿三年	政治 法律 理財 文學	三 三 同 同 年	三一〇 三一八 三二三 三三二	英八 米一 英二 米二 英二 米三		一四 一九九 三	二七 一一 四三三	五 四 三	三六〇 四四〇 一九六〇 一二〇	四〇〇〇 四〇〇〇 四〇〇〇 四〇〇〇
東京政治學校	東京市神田區錦町三丁目	同卅一年	政治 法律 經濟	三年	二一〇	英一		一〇〇			三五〇〇	三五〇〇
哲學館	同小石川區原町	同二十年	倫理 漢文 哲學	同	七二〇			二五〇	三五四	五	四三五〇	六七八〇

表

東京物理學校	同神田區小川町	同十四年	數學物理化學	同	六二五					三一七		四〇七	一八		三三七六	一三六六
順天求合社	同中猿樂町	同六年	測量數學天文	同	四二〇					二五〇		二九七	三〇		三二五〇	二四五〇
工手學校	同京橋區南小田原町四丁目	同廿一年	土木機械電工造家造船外三科	同	一八四五					二九四		二四六八	三三三		一八四八六	一四三六九
鐵道學校	同上野公園元四軒寺町	同三十年	鐵道建設同業務	同	二一四					一四九		一三三	四〇		二二四六	五二一四
共立女子職業學校	同一ツ橋通町	同十九年	術科裁縫讀書外九科	甲三年乙一年	四	三	三				五六五		四三	五	二三〇四九	二六四一
慶應義塾商業學校	同芝區三田二丁目	同廿四年	商業	二年	四一七			八二		三八〇		三二一	一六〇		六八四〇	六〇〇〇
海城學校	同霞ケ關二丁目	同廿四年	英語漢文數學物理歷史外四科	三年	一三					一一〇		二六五	一		一六四〇	一六四〇
東京女學館	同麴町區三年町	同廿一年	英語漢文數學國語地理歷史	五年	九	二	三		英三		五八		九九	四七	六六〇〇	六六〇〇
女子學院	同上二番町	同九年	同	十年	一〇	二六			英五		二六〇		一四〇	二四	二六八〇	三六〇六
實踐女學校	同元園町二丁目	同卅二年	同	五年	九	二	三				一三九				三三二七	四三五〇
東洋英和女學校	同麻布區麻布東鳥居坂町	同十七年	同	五年	八	一	六		三		一四〇		九〇	八四	七八五四	七五六〇
女子工藝學校	同麴町區元園町二丁目	同卅二年	普通科	三年	三	八	九				一六三				三七八三	七五〇〇

日本體育會體操學校	同飯田町二丁目	同廿六年	倫理體操	一年	三	二一				一二	九七	四四	一三八二	四七六七
臺灣協會學校	同富士見町六丁目	同卅三年	法律經濟語學	三年	三	二		二		一〇四			六三三	四三〇八
國學院	同飯田町五丁目	同廿三年	國文國史英語漢文數學	三年	三	三三				一〇〇	二〇九	一六	一三五三	八〇九二
數學專修義塾	同神田區中猿樂町	同十八年	數學	同	八	一〇				五四一	一三七五	四八	二一〇	二一〇一
數理學館	同裏猿樂町	同十九年	數學	二年	二	四				三五五	五八二	一〇八	一四五八	一三六〇
東京簿記學校	同猿樂町	同二十年	簿記	一年	三	三				一二五	一八八一	一二五	九八二	九二
國民英國會	同錦町三丁目	同廿一年	英語	三年半	三	二七		英二		一四三〇	五四三	八〇六	七五八五	六五八〇
東京商業學校	同錦町二丁目	同二十年	普通學商法學	三年	三	一六				一七〇	六一七	一五	一八七九	一八八〇
大成學館	同三崎町三丁目	同二十年	英語獨語漢文數學物理化學外三科	同	四	六				二一〇	六三三	六八	一三〇〇	一二〇〇
國語傳習所	同三崎町一丁目	同廿二年	國語國文	一年	二	六				二六〇 五七	三〇 二四	二四 一六	三八〇	三二五五
東京數學院	中猿樂町	同廿三年	數學	二年	五	一四				二八〇	四一五	一六八	三五八八	四五二
日本體育會第一體操所	東京市神田區錦町三丁目	同廿四年	体操	三ケ月	一	一				一三	二七〇	二七		

大鳴學館	同錦町二丁目	同廿四年	英語漢文數學簿記	八月	一	七			二八〇		三		一五	一,三〇〇	一,一〇〇
青年會夜學校	同美土代町三丁目	同廿四年	英語	五年	三	六	米四		一二〇		四一三		二	六五八	一,七〇一
東京簿記專門學校	同錦町一丁目	同廿九年	簿記	一年	二	三			八一七		三二〇		三五	八二一	八二一
正則英語學校	同錦町三丁目	同廿九年	英語	二年	一五	三	米二 英二	米二	一,三七三		一〇〇		七六	一五,〇〇〇	一〇,〇〇〇
須靜學舍	同猿樂町	同廿五年	國語漢文	二年	二	一			四一〇	五三	二九七	〇	四五	三	三二五	二八二
東京英語專修學校	同錦町二丁目	同三十年	英語	五年	三	二	英一	米二 英四	二五〇	一	一七		二九	一,九九六	四,三三二
共立學校	同小川町	同卅一年	國語外十一科	二年	二	九			一三		一三		三三	二,〇七六	二,九六
百科學校	同錦町三丁目	同卅一年	普通學徵兵豫備科	二ケ月	六	三	一		一四八		一四四		六四	三,三〇〇	三,三〇〇
東京學院	同中猿樂町	同三十年	英語獨逸語漢文數學國文外二科	四年	九	五	米一		五三五		七〇		三五	六,〇五五	五六五六
甲津學舍	同日本橋區小網町四丁目	同二十年	英語漢文習字數學簿記	三年	六	五			二五七	〇	一二〇	一二	三	一,三八二	一,三八二
豐國學校	同京橋區木挽町四丁目	同十七年	同	十ケ月	三	一			二四六		三〇四	五七	一九四	三九五	三二七
福音會英語學校	同西紺屋町	同十八年	英語	四年	六	六	米一		三二四		八一		三	九五〇	一,〇四四

歐文正鵠學校	同明石町	同十年	英語	三年	三			奨六	一七〇	二〇	不詳		三四二〇	三四〇一〇
日本簿記專門學校	同芝區西久保櫻川町	同廿五年	簿記	六月	三	五			一一〇		一八六八	三九五	一二三五	九三七
郁文學舍	同芝區愛宕下町四丁目	同十三年	英語漢文數學	四年	四	一			一四〇		三	二四	二五八	一九九
慶應義塾普通科	同三田二丁目	安政五年	同	同	五	六		奨三	七〇一		三四九	九五	三二〇三〇	一五〇〇〇
淨土宗第一教區宗學教校	同芝公園二十二號地	明治廿八年	佛教哲學理物歷史博物外五科	四年	四	三			一三〇	五	三七〇二	三六二	七九六	三三六
攻玉社土木部	同芝新錢座町	同十二年	土木	二年	四	二			二七二		五五八	八八	三七一九	三九八四
曹洞宗大學林	同麻布區麻布日下窪町	同十五年	佛教	三年	三	七			一三〇		三六一	一五		七〇〇〇
曹洞宗中學林	同麻布笄町	同廿九年	同	五年	五	五			一三五		一三	八		四五五〇
凝靜書堂	同牛込區牛込水道町	同十年	習字	八年	八	一			二八	一八	一三六六	三六	三二九	二一八
研成學校	同市ヶ谷砂土原町三丁目	同廿九年	數學物理化學	一年	二	三			一四〇		八五	六〇	八〇〇	七九〇
跡見女學校	同小石川區柳町	同十六年	國語漢文數學典學習字	八年	八	九	六			三四〇	一九九	三	四三五〇	三八五〇
淨土宗高等學院	同表町	同二十年	佛典哲學理學漢學	四年	四	二			一三		九六	三		八八七

淑德女學校	同　表　町	同廿五年	修身讀書習字算術裁縫外四科	三年	三	六	六				三八		四五		二〇	一三四	一〇八三
東京裁縫女學校	同本鄉區東竹町	同廿五年	裁縫家事縫箔生花茶湯	二年	六	六三					二四		三五		八	六〇〇〇	五〇〇〇
有眞樓書院	同駒込西片町	同三十年	書學		一		一			一四二〇一						二九	二七
眞宗東京中學	同本鄉區谷中眞島町	同九年	宗乘餘乘倫理國語英語外八科	五年	五二					一七八		一五六		三			
雷坡學館	同淺草區西鳥越町	同廿一年	英語漢文數學	四年	四	四				八九	二六	三〇	七	七	二	六九〇	六三五
綠穎學校	同本所區花町	同廿三年	同	四年	四	四	四			一八〇	六〇	三三〇	二五	七〇	三〇	七九〇	七八五
簿記學專修館	同神田區美土代町小川町三丁目	同卅三年	簿記	一年	三	一				八七〇				六〇〇		五三六	四三七
官立學校豫備校	同小川町	同卅三年	受驗科英語數學	一年	五	五				一〇六						二三四	五三二
錦城高等英語學校	同錦町三丁目	同卅三年	英語	三年	五	八				二六〇						九六六	九六三
東京主計學校	同雉子町	同卅三年	數學簿記	一年	一	二				一五一						一八〇	一〇三
帝國教育會夜學教員養成所	同一橋通町	同卅三年	地理歷史數學教育	一年一年	三〇					五三四	三三					四三七	三六〇三
日本女學校	本鄉區龍岡町	同卅三年	修身國語外四科	四年	六	八	九				二四					三〇六〇	四八七四

總計

九四校

三三五・一五・八〇

二四・七・三九・三五・三・三五・二五・二三・二七・八・六四・四四・五・八六・七・二

六五・三・九・〇四

東京市立小學校表

區名	校名	位置	設立年月	校地坪數	教室坪數	體操場坪數	學級數 尋常	學級數 高等	教員數 尋常 本正	尋常 准正	尋常 專正	尋常 雇	尋常 計	高等 本正	高等 准正	高等 專正	高等 雇	高等 計	兒童數 尋常 男	尋常 女	高等 男	高等 女	計 男	計 女
麴町	番町	下六番廿五 廿六 廿七	明治四年十二月	二〇三二坪	三四七坪	二九四坪	三	一〇	二				二	二		二		一三	三九三	三〇八	二六八	一九九	六六一	五〇七
	麴町	元園一 廿一	同二十年三月	二五四九	三三五	五六九	一〇	八	八	一			九	二		三		一四	三〇五	二九八	二〇七	一八三	五一二	四八一
	富士見	富士見六 二	同十年四月	二五三八	三八〇	六七九	一一	三	三	一			三	三		四		一七	三八〇	三三五	三二〇	三〇二	七〇〇	六三七
	日比谷	西日比谷一 一	同卅四年六月	二九二	七三	一四六	四	二																
神田	錦華	猿樂二	同六年五月	四五〇	二三三	二〇四	九	七	九				一〇	八				八	四八〇		三五五		八三五	
	淡路女子	淡路二 四	同八年十一月	二五八	一七九	五〇	七	五	六				六	六	一		二	九		二一七		三二八		五四五
	神田	關口 四	同十一年二月	五三六	一六三	三二六	八	五	七	一			八	六	一		一	八	二三四	一六八	一三二	六九	三六六	二三七
	千櫻	東松下 五十 九・六十	同十五年十月	七九八	一八〇	三五〇	七	七	六	四			一〇	九			二	二	二九〇	二三八	二四四	一四〇	五三四	三七八
	練成	五軒 七	同十一年	七一八	一八二	一八〇	七	四	七				七	四	二		一	七	二四三	一九七	一三二	六〇	三七五	二五七

神田	橋本	橋本二至十四 十一	同卅三年七月	三九	一六八	一三〇	五	四	五	一			六						一六七	一〇四			一六七	一〇四
	小川女子	小川六十三 六十四 六十五	同卅三年七月	四一九	一四〇	八一	九	三	七			一	八							二八二				二八二
	和泉	岩本番外一	同卅三年一月	三一二	七四	六〇	五		五	二			七						一八三	七七			一八三	七七
日本橋	常磐	本石一 十七	同六年三月	四九四	三六九	一四四	九	一〇	八		一		九	二		三		一四	二七八	二三三	二四二	二〇四	五二〇	四三七
	有馬	蠣殻三 十二	同九年五月	五七六	三三九	二一七	八	四	八	二			一〇	一〇		二		三	三〇〇	三〇四	二一九	二〇四	五一九	五〇八
	十思	小傳馬上 二十二	同三十年六月	四七五	三三三	一九二	九	四	七				七	六		一		七	二二四	二一一	一二九	一〇六	三五三	三一七
	千代田	馬喰二 廿二 柳原川岸	同九年十月	三八四	三三四	九〇	八	六	八				八	八		三		二	二八五	二五五	一八三	一〇七	四六八	三六二
	久松	久松 四十四 四十五	同六年七月	六三八	二九五	二四〇	一〇	九	九	一			一〇	一〇		一		二	二九二	二六一	二二〇	一八四	五一二	四四五
	城東	箔屋 十一	同八年八月	六〇〇	三五一	二三四	八	七	八	二			一〇	九		二		二	三〇一	二五三	一八〇	一四九	四八一	四〇二
	阪本	阪本 四十一 四十二 四十三	同六年五月	九八九	二四八	四一八	九	八	八				八	九				九	三一〇	二六八	二〇三	一七九	五一三	四四七
	東華	蠣殻一 一	同卅四年九月	三六八	二七九	四三六																		
	寶田	本材木三 川岸三十八 三十九 四十	同六年十二月	二九〇	三一〇	一一六	八	五	六	二			八	六		二		八	二六四	二六七	一三六	九二	四〇〇	三五九

京橋	泰明	元數寄屋一	同十一年四月	四六	一四八	一八六	六	四	五	一			六	五		一		六	三〇一		二三三		五四	
	泰明女子	五	同十八年五月	三	一〇九	三七	四	三	三				三	四		一		五		二三五		一三		二三八
	文海	築地一 廿一 廿二	同十年三月	四九五	二七二	三五 二〇九	八	七	六	二			八	七		二		九	五四四		四四〇		九八四	
	築地女子	築地三 一	同十一年五月	三五 三四六	二五六	八六	八	八	八				八	七		二		九		四二〇		三九		七三九
	築地	新湊三 四五	同十年七月	二七	一〇二	七三	五	二	三	一			四	三		二		五	一八五	一八三	七四	五六	二五九	二四〇
	佃島	月島西仲通一 四	同廿一年十月	三〇〇	六三	一七五	四		二	二	一		五						一〇八	九八			一〇八	九八
	靈岸島	越前堀一 五	同九年九月	三九二	一四五	一四四	四	三	四	一			五	三				三	二六三		一〇八		三七一	
	靈岸島女子		同廿七年		三二七	四二	四	二	三	一			四	四		一		五		三一		一〇九		二三〇
	朝海	築地二 十八	同卅四年四月	四〇〇	一三四	一四一	七		二				二											
	京華	元島二	同卅四年八月	四八二	三六	二八三	二一																	
	櫻田	新幸五	同十年四月	三三〇	一三四	一二七	四	四	四	三			七	四	一	一		六	一七五	一三五	一二七	八七	二九二	二三
芝	南櫻	南佐久間二 十六	同十一年八月	五四六	一〇八	二八三	四	三	五				五	四	一			五	一八三	一七八	七七	八三	二六〇	二六

芝	櫻川	愛宕下四四	同六年四月	二二三	二二五	四〇〇	七	五	五	一			六	六	一	二		九	二三四	一九六	一三七	一三六	三六一	三三二
	鞆繪	西久保巴四十六 四十七 四十八	同三年六月	一五三〇	二四七	四二八	三	一	九	三			三	二		二		三	三二二	二四三	二六〇	一九七	五七三	四四〇
	芝	三田四國二	同十五年二月	一〇〇四	二二一	五六四	八	五	七	三			九	六	一	一		八	二〇八	二六七	一八〇	一三五	四八六	四〇三
	南海	三田四國十一 十二	同七年六月	三〇三	三六	九九	四	四	三	二			五	三	一	一		五	一四三	一七〇	七六	六三	二一九	三三三
	御田	三田臺一二 十二 廿一	同六年三月	八〇一	一九九	三〇五	六	六	四	三			七	八		一		九	一九三	一五九	一五四	一三六	三四七	一九五
	白金	白金臺一	同九年一月	一四三	一〇八	一〇八	三	二	二	二			四	二				二	一〇一	一〇九	五六	五三	一五七	一六二
麻布	麻布	麻布東鳥居坂三	同八年六月	一〇二六	二五〇	六一七	八	八	九	二			二	六		二		八	二七九	三一	一五四	一九九	四三三	四一〇
	南山	麻布宮村六十九	同九年十一月	一〇七六	二四二	三〇八	八	六	八	一			九	六	二		一	九	二七一	三三三	二〇二	一三三	四七三	三五五
	飯倉	北赤羽河岸	同十一年十月	五〇〇 三三二	二〇四	三〇〇	七	五	五	二		二	九	六		一	一	八	二〇六	三二	一五〇	一二五	三五六	三三六
赤阪	赤阪	赤阪一木九十九十一	同六年	七二〇	二六七	三一四	八	五	五	三			八	八		三		二一	二六三	二一八	一三五	一二九	三九七	三四七
	同分教場	田一十	同三十年八月	四八	二九	八	二		一				一						四一	四三			四一	四三
	中之町	赤阪中八	同廿七年四月	七九	二三三	三六〇	六	五	六				六	六		二		八	一七六	二〇三	一一四	一一〇	二九〇	三三三

	青山	青山南三廿二	同八年	二五五	三五二	七〇〇	九	八	八	二			一〇	一〇		三		一三	三三五	三三〇三	二〇一	五三八	五一四
	同分教場	青山北四七十一持法寺内	同三十年八月	一五九	一八	九六	一		一				一						三八	三〇			三八	三〇
四谷	四谷	四谷傳馬新一十九	同八年八月	二二一	二七八	三八二	八	六	八		一	一	一〇	六		二		八	二五四	二六〇	一一三	二五三	三六六	五三
	同分教場	四谷新堀江五	同廿六年十月	三三六	四八	八〇		四						四				四		一五九			一五九	
	四谷第二	四谷左門七十六	同卅三年四月	九三	一七三	三〇	一〇		九			一	一〇						二六一	一八五			二六一	一八五
牛込	赤城	赤城元十八	同八年一月	六七四	一八九	四二一	八	八	六	一			七	七		三		一〇	二六四	二五九	一六六	一九九	四三〇	四一八
	愛日	北廿六廿七廿八	同十三年七月	五九八	二一〇	二〇〇	九	七	七	三			一〇	六		三		九	三七	二六二	二〇三	二四五	五三〇	五三七
	早稲田	早稲田南二十五	同卅三年六月	六九八 六〇〇	一四七	六〇〇	八		五				五						一三九	一三			一三九	一三
小石川	礫川	小石川表四十四	同六年三月	六八六	一九五	三五〇	八	五	四	二	一		七	七				七	二四三	一九八	一三五	一〇八	三七八	三三六
	黒田	小日向水道八十六	同十一年二月	五三七	一八四	一三〇	七	七	五	四	一		一〇	五				五	二三六	一九〇	一九八	一五〇	四三四	三四〇
	明化	小日川西丸九	同八年九月	六八七	一二三	二八三	四	三	二	三			五	三				三	一六四	一四九	四七	四八	二二一	一九七
	小石川第一	柳廿八	同卅四年十月	五四〇	一五八	二八一	八																	

本鄉	本鄉	元富士三	同九年一月	一〇五三	二五五	六〇七	二	九	一〇	一			二	一〇		二		三	三六五	三四二	二四八	二〇五	六二三	五四七
	誠之	駒込西片十	同八年十月	九四三	二二六	五四二	二	六	一〇	一			二	八		二		一〇	四一〇	三七三	一八〇	二〇一	五九〇	五七四
	湯島	湯島新花百一	同四年十月	二五八 三二一	二〇八	三二一	八	六	八				八	七		一		八	二六三	二四四	一七〇	一五六	四三二	四〇〇
	駒本	駒込肴十四	同九年三月	四九九 二五〇	一七五	二〇三 二五〇	八	五	六	二			八	六		一		七	二六八	三三二	一六七	一〇六	四三五	三三七
	富士前	富士前十	同廿七年九月	三〇八	七五	一二三	四		三	一	一		五						一〇五	一一八			一〇五	一一八
	根津	根津清水二	同三十年五月	二三五	九八	七八	三	一	三	一			四	一		一		二	一三三	一三四	二四	二二	一五六	一五五
下谷	下谷	下谷車坂三十三	同十九年十一月	七五〇	二三八	四一七	七	一〇	七	一			八	八			一	九	三六一		二四七	一八八	六〇八	一八八
	西町女子	下谷西三	同卅三年二月	三三〇	八〇	一三三	六		六	一			七							三三九				三三九
	練屏	下谷練屏四十一	同十一年十二月	二〇一 二三六	二〇七	一八〇	九	六	九	一			一〇	七			一	八	二三四	二二九	一七〇	一一四	四〇四	三三三
	忍岡	下谷茅二三十八	同八年十二月	四四九 一二五	一三〇	三六 一三五	五	四	四				四	四			一	五	一四七	一一八	七五	六三	三三三	一八〇
	東盛	下谷龍泉寺三百七十九	同廿一年五月	三七八	一三九	一一六	六	三	六	一			七	三			一	四	一八五	一七四	六四	四三	二四九	二二七
	入谷	下谷入谷五十五	同卅二年六月	三三〇	八四	一六五	四	二	四				四	三			一	四	一三三	一〇六	五七	四三	一八〇	一四九

	下谷		淺草							本所		
	根岸	御徒町	淺草	育英	精華	柳北女子	待乳山	富士	新堀	江東	江東女子	本所
	中根岸九十二	下谷御徒二 四十五	馬道四 十九	猿屋 十七	北富坂 廿九	向柳原一 六	地方今戸 十五	馬道七 十一	北三筋、四十 四十一	本所元 二十四	本所元 二十三	本所亓倉 二
	同七年三月	同卅四年七月	同六年五月	同四年二月	同廿一年十二月	同九年十月	同五年	同卅三年十二月	同卅四年六月	同七年九月	同十年三月	同八年十月
	四四九	七四三	五〇〇 一八四	六九三	五〇九	五三九	三八五	六八〇	七二六	四七九	六六三	一〇〇九
	一七五	一六四	一五三	二四七	二〇二	二〇四	一七九	一五八	一九三	一四九	八二	三二一
	一三三	四八六	二六〇	四七〇	二九二	一〇四	一五六	二三六	三九四	九六	一八八	七九二
	五	八	一	三	八	八	六	一〇	二一	五	四	八
	五		九	八	六	六	七			四	三	四
	六	二	七	九	四	七	六	二		七		六
			四	四	一	三				四		三
	六	二	一一	三	五	一〇	六	二		二一		九
	五		七	七	〇	七	七			七		四
			二		三							
			二	一		一	二			二		一
	一											
	六		一一	八	三	八	九			九		五
	一七〇		四二〇	四三二	三三三		一八八	五〇		二八八		二四九
	一四三		二七八	二六九	二五六	四六七	一七九	四四		二三七		二三七
	一四〇		二七三	二〇二	一七五		一四〇			一九一		一三三
	一二八		一七三	一一八	三三六	二九一	一一五			一六〇		九七
	三二〇		六九三	六三三	五〇八		三三八	五〇		四七九		三八一
	二六〇		四五〇	三八七	三八二	七五八	二九四	四四		三九七		三三四

本所	同花町分教場	五	本所花町 二十	同廿五年六月	一三八	一三〇	五三	二		一	一			二						四七	六九			四七	六九
	明德	九	本所表 五十	同八年五月	八四〇	一八八	三三三	八	四	七				七	五		一		六	二六三	二五八	一一三	九三	三七六	三五一
	同若宮分教場	八	若宮 百七十	同廿二年二月	一三三	五〇	三八	三		二	一			三						一一四	一一三			一一四	一一三
	中和	四十一	林三 四十	同七年二月	八九九	一七五	五八六	六	三	五	二			七	四		一		五	三一〇	一七五	一〇〇	九二	三三〇	二六七
	牛島	百九十二	向島須崎 二	同六年二月	六三三	一三三	二五五	五	三	四	一			五	四		一		五	二〇二	一四七	九九	五八	三〇一	二〇五
	柳島	卅一	柳島横川 百	同卅一年四月	八〇七	一三〇	四四四	五	二	三	一			四	二		一		三	一一三	一一九	四四	二二	一六七	一四〇
深川	明治	十七	深川万年二	同十一年十月	三一七	二三九	五三〇	八	八	七	一			八	九		二		二	二二五	二二三	一六三	一六二	三八八	三八四
	深川	百二	深川東森下	同八年一月	九四二 八〇	二五五	三九三 八〇	九	八	六	二			八	九	一	一		二	三〇八	二六三	二二三	一七五	五四〇	四三八
	東川		深川東六	同八年三月	一七五 一五三	九三	一三 八七	四		五				五						一七三	一五一			一七三	一五一
	東陽		西平井 十九	同卅三年七月	六九〇	八四	四三一	四		三	二			五						一一三	一三四			一一三	一三四
	川南	四	深川海邊 十	同十六年三月	一〇八	三六	一〇八	二		二				二						四五	四三			四五	四二
總計	校 九二				五六八六三一一六四五六三三二三一七一〇四三八六四六二四									六六六五四六一七八三三四二五三二六〇七二六五四一〇四三五八七七九二八〇四五三二四九三三											

東京私立小學校表

區名	校名	位置	設立年月	校地坪數	教室坪數	體操場坪數	學級數 尋常	學級數 高等	教員數 尋常 正本科	教員數 尋常 準	教員數 尋常 專正	教員數 尋常 雇	教員數 尋常 計	教員數 高等 正本科	教員數 高等 準	教員數 高等 專正	教員數 高等 雇	教員數 高等 計	兒童數 尋常 男	兒童數 尋常 女	兒童數 高等 男	兒童數 高等 女	兒童數 計 男	兒童數 計 女
麴町	稚松	飯田四 一	明治十四年五月	二八八坪	九〇坪	一六九坪	五	二	二	二			四	四		一		五	一九〇	一九五	七〇	八七	二六〇	二八二
	中村	山元二十五 十四十六	同十六年五月	一四六	五四	六九	二	一	二	一	一		四	一				一	九四	八二	四三	四四	一三七	一二六
	成志	紀尾井三	同十二年四月	一一五	四五	三〇	二	一		二			二		一			一	四五	四七	二〇	一五	六五	六二
	宮崎	富士見一 七 廿	同廿二年三月	七九	六一	一五	二			二		二	四						六四	八六			六四	八六
	富華	富士見二 十二 三	同九年二月	七八	五三	一六	二	一	一	二			三				一	一	四六	六〇	一六	一八	六二	七八
	大木	下六番 十七	同廿一年十月	九〇	一八	五〇	一		一			二	三						三五	三〇			三五	三〇
	附屬小學校 撫星學校	飯田三 卅一	同廿三年九月	一四七	三七	一〇八	四	二	二				二	一		一		二	二〇		一八		三八	
	大日本教育會附屬小學校	平河四 十三	同廿五年九月	一三〇	三五	三〇	一																	
神田	芳林	旅籠二 八	同七年二月	八二	八八	〇	四	二	一	一			二	二	二	一		五	一三八	一一五	八四	四五	二二二	一六〇

神田

雲陽	竪大工 五	同七年七月	八三	四八	二〇	二	一	二				二	一		一		二	五七	六三	八	一六	六五	七八
柄越	永富 六	同十二年十一月	八七	九〇	三	五	一	一	四			五		一	一		二	二一二	一九二	五九	四〇	二七一	二三二
春育	一ツ橋通 二十	同廿二年五月	一六〇	八四	七三	三	一	二	一			三	二				二	一〇三	一三六	五〇	四八	一五三	一八四
菊地	表神保 二	同十三年二月	九八	三三	四五	二	一	二				二		一			一	三三	四三	一三	二	四六	四五
神田女子	猿楽 二	同廿六年十二月	二七九 四〇	一六六	一九五	二	一	二				二	一	一			二		一四一		五一		一九二
加藤	鍛冶 三十	同十二年四月	七三	三九	三四	三		一	二			三						六六	七四			六六	七四
啟蒙	紺屋 七	同廿一年一月	四四	三		三		二				二						六九	六二			六九	六二
熙 熙	山本 廿一	同六年三月	五九 五五	三		一		一	一			二						三	五四			三	五四
南 山	多一 十二	同七年四月	四六	四四	三	二		二				二						二七	一九			二七	一九
明 進	小柳 十四	同十七年八月	三〇	三七		二		一	一			二						八六	六三			八六	六三
篠 原	若本 十五	同八年三月	八九	四八	四四	一		一	一			二						四五	四三			四五	四三
水 野	大和 七	同八年八月	四九	四一	七	二		二	一			二						二〇	三〇			二〇	三〇

神田	岩上	元柳原 廿三	同十一年三月	四七	三三		二	一		一			一						四三	三六			四三	三六
	曉翠	連雀 十八	同十二年五月	六一	二五	一九	一		一				一						三六	一三			三六	一三
	貫誠	新銀 十	同六年四月	六七	五三	一七	三			二			二						二四	九一			二四	九一
	史雲	佐久間四 十一	同十八年七月	三〇	二四		二		二				二						五三	四〇			五三	四〇
	東京李	西小川一 一	同廿八年六月	四三	三三	三	一		一				一							三三				三三
	錦美	錦三 一	同廿三年三月	七五	五六	一八	二		一	二			三						二四	二八			二四	二八
	日本	錦三 十八	同卅四年六月	三七	九六	二〇九	五	二																
日本橋	門井	本石十軒店 三	同六年二月	六六	四七		二	一	一	一			二	一				一	四五	四四	一三	一五	五八	六九
	小川	蠣売二 三	同六年三月	九三	六〇	三〇	二	一		三			三	一				一	六〇	七五	二五	二七	八五	一〇二
	山崎	蠣売三 九	同十四年二月	一八九	七三	八七	三	一	三	一			四	一		一		二	一一八	一〇六	四五	二四	一六三	一三〇
	大崛	藥研堀 二十六	同六年三月	四四	五九	三	二	一	二				二	一				一	五五	七五	三九	二四	九四	一〇九
	玉江	村松 三十一	同十三年六月	四七	五四		二	一		二			二	一				一	五三	五四	二〇	三五	七三	八六

日本橋

日新	一 通旅籠	二十	同五年十二月	六九	五七		二	一	二	二		四	二	二	五六	六〇	九	三	六五	八一
有鄰	蠣殻一	三	同廿二年三月	三三	三三		二		二			二			七〇	六五			七〇	六五
池田	蠣殻二	十四	同十四年十一月	三三	三八		二		二	一	一	四			三八	七二			三八	七二
竹内	馬喰二	一	同十二年二月	一九	三三		二		二			二			三二	三四			三二	三四
八幡	濱一	三	同六年二月	四四	三六		二		二			二			五〇	五四			五〇	五四
成志	濱二	十二	同十九年五月	三三	三九		二		一	三		四			九三	一〇八			九三	一〇八
屋代	九 龜島一	三十	同十年四月	五五	二七	一四	二		一	二		三			三二	三三			三二	三三
梅園	箱崎五	十八	同五年十一月	三九	四四	一四	二		一	一		二			七三	六五			七三	六五
日本橋	堀江三	六	同十五年十一月	八〇	六六	三	四		二	四	一	七			一三七	一四四			一三七	一四四
修進	本銀一	七	同十二年二月	二〇	一五		二		一			一			一五	一三			一五	一三
晴	青物	二十二	同十八年六月	一四	一三		一			二		二			六	一五			六	一五
福田	一 新材木	二十	同十二年六月	三五	二〇		二					一			一六	二九			一六	二九

日本橋	會文 吳服 一	同六年一月	三四	二六		一	六	一	三			三				一		二八	四三			二八	四三
	上野山 駿河 十	同六年三月	一四	九		一		一				一						三	一三			三	一三
	明倫 蠣殼 二 十六	同十四年十一月	三六	三九	九	二			二			二						四三	三五			四三	三五
	高橋 北槇 八	同十二年十二月	六九	五〇		三		一	一		三	五						七三	一一〇			七三	一一〇
	井上 柳 九	同六年三月	七三	六〇	一五	三	一	一	四			五						八二	一二一	二八	三六	一〇九	一四七
京橋	柳 新肴 十六	同五年九月	六〇	五六	二	二	一	三	一			三	一				一	七九	五六	二三	三三	一〇二	七九
	鍋町孝 南鍋一 瀧山一 七九	同十三年二月	二五	一三六	六〇	四	二	一	一			二	三	一	二		六		一三八		六〇		一三八
	薫陶 竹川 八	同七年四月	八三	七三		三	一	二	一	一		三	一		二		三	一〇六	八〇	四九	四三	一五五	一三三
	木挽町 木挽一 十四	同十二年四月	四五 四五	五〇	四五	三	一	二	一			三						八二	九五			八二	九五
	鐵礮洲 本湊 十六	同卅一年七月	七七	五〇	五五	三	一		一			一		一			一	七六	五八	一九	二八	九五	八六
	柏森 南飯田 九	同六年十月	一〇六	六三	一〇三	三	一	一	一			二	一			一	二	一二三	一二三	二四	二九	一五七	一四三
	八丁堀 永島 十三	同八年四月	一三	七七	三三	三	一	二	二			四			一	二	三	一二七	一二五	三三	二五	一四九	一五〇

京橋

織田	本八丁堀一十六 十七	同六年三月	一七九	六〇	一一四	三	一	一	二			三		一			一	一二三	一〇九	三	二六	一三五	一三五
村山	本八丁堀四五	同八年八月	五四	三五		三	一		五			三	一				一	七四	九六	二六	三三	一〇〇	一三八
新川	靈岸島銀一三四	同十六年十二月	三八八	三五	三三八	二	一		一		一	二	一			一	二	七三	四七	二四	一七	九七	六四
泉井	中橋和泉五	同十年四月	六五	三七	三	二		二			一	三						六八	八五			六八	八五
村上	新富四九	同六年三月	六五	四八	三	二		一	二			三						八五	二〇			八五	二〇
精果	入舟一二	同廿七年六月	一三七	四七	八九	一	一		三			二		一	一		三	八三	七四	三三	一〇	一〇六	八四
小林	岡崎一十三	同六年三月	五〇	四三		一		一				一						三	三八			三	三八
垂珠	東湊一一二	同十三年三月	一二三	四七	一八	二	一				一	一	三	一	一		四	九六	九七	四四	四四	一四〇	一四一
若瑟	明石三十六	同卅二年十二月	一〇八	二七	七〇	二		一			一	二						二五	一三			二五	一三
私立女子語學校附屬新榮女子	明石四十五	同卅二年十二月	七二八	一〇五	二四九	三	二		二		一	三	二		一		三		七七		八二		一五八
日華	鈴木二	同十五年一月	四五	三八	一〇	一																	
共榮	芝公園地第十三號九	同三年三月	三二〇	六六	三三	三	一	三	一		一	五		一		一	二	一三九	一二八	三九	三五	一七八	一五三

芝

鳥羽	日蔭一 一	同八年三月	七七	六三	三四	三	一	一	四			五				二	二	八三	一〇三	三六	三九	一三八	一四一
松野	西久保廣四 十二	同六年一月	八五	六六	六三	二	一	一	三			三	一				一	九五	一〇七	一八	二七	一二三	一三四
北川	愛宕一 十三	同六年一月	一九九	七四	八〇	三	二		二		一	三	一				一	九九	一二一	二九	二七	一三八	一三八
鳳生	愛宕下三 一	同七年二月	一三	七六	三六	三	一	一	三		二	六	一	一			二	一二四	一三九	三九	四六	一七三	一六五
龍和	金杉一 六七	同八年二月	一〇〇	七六	七一	三	一	二	二		二	六	一		一		二	一三六	一〇六	八	一六	一二四	一三
聖坂	三田三 十四 十五	同七年五月	三	三八	三	二	一		二		二	四	一				一	七〇	六四	一八	一七	八六	八二
飯田	三田臺裏 十 一	同六年二月	二五九	四八	一九七	二	一		三			三	一	一			二	一〇九	一一四	二〇	三五	一一九	一四九
頌榮	白金猿 三十 一	同十七年十二月	九三	八〇	四三	二	一	二	一	三	二	八	二		一		三	一二四	一〇〇	一二四	三九	一五八	一三九
成立	烏森 二	同六年三月	七八	四三	二五	二		一	二		一	四						六五	八三			六五	八三
貞操	三田三 二十 九	同十四年六月	一〇四	三	二五	一			二			二							七〇				七〇
穗島	本芝二 二十	同六年一月	八二	四四	五〇	二		一	三			四						八七	七五			八七	七五
丸橋	神明 二十一	同六年三月	六三	四三	一五	二		二			一	三						四七	七三			四七	七三

表

芝

里見	金杉濱 八	同六年三月	二〇	二六	七〇	一		一	二			三						五四	五九			五四	五九
黒澤	愛宕下二 四	同六年八月	三九	二四		一		一	一			二						五四	五八			五四	五八
宮崎	車二九	同十九年十二月	六〇	一八	二九	一		二			一	二						四六	三五			四六	三五
和田	高輪北 三十 一	同六年四月	六四	二九		一		一				一						三三	三七			三三	三七
濱田	中門前一 三	同十三年一月	二六	一六		一		一				一						二〇	三七			二〇	三七
小南	芝濱松二 十 六	同六年三月	八五	三三	四九	一		二			二	四						六七	七九			六七	七九
慶應義塾幼稚舎	三田四 二十 六	同廿六年九月	九七	一四六	二五〇	四	二	三		一		三	二		一		二	六六		九九		一六五	
培根	西久保八幡 廿四	同十八年十一月	八二	四三	三六	二		一	二		一	四						五〇	六〇			五〇	六〇
竹芝	芝田一 十二	同五年三月	八一	二九	三〇	一			二			二						三	二五			三	二五
宮下	麻布宮下 十 十一	同七年四月	二〇六	九八	八九	五	二	三	三			五	一		一		二	一九〇	一七二	五〇	五九	二四〇	二三〇
小暮	飯倉四 四	同六年一月	八四	五〇	〇	二	二	二			二	三	一				一	八四	六五	二三	三四	一〇七	九九
庭訓	芝森元三 十 三	同八年二月	七五	三三	一〇	二			二			三			一			二七	五八			二七	五八

麻布	山本	麻布宮村二十一	同六年四月	八二	二〇	五〇	二			一			一					二七	二四			二七	二四
	三臺	麻布三河臺五	同七年四月	八七	二四	四〇	一			一			一					四一	四七			四一	四七
	谷	麻布簞笥六十六	同十九年十二月	一〇八	三三	四〇	二	一	一	一			二					六〇	六四	六	八	六六	七二
	慈育	麻布本村二百四	同二十年八月	二六八	五四	一三三	四		二	一			三					一三七	一〇九			一三七	一〇九
	南川	麻布山元廿七	同廿五年五月	五〇	二七	三	一			一			一					四〇	三九			四〇	三九
	香蘭	麻布永坂一	同廿二年四月	六三 八四	二〇	八四	二		一	一			二						七				七
	横野	麻布櫻田十三	同廿七年二月	六〇 四〇	二七	四〇	一					二	二					四六	五四			四六	五四
	福田會育兒院	麻布笄百三	同廿五年三月	一五〇	一〇	五〇	一		一				一					八	一七			八	一七
赤坂	冰川	赤坂冰川二	同七年九月	一三三	七七	三七	二	一		二			二	一			一	九七	九五	三三	二五	一三〇	一二〇
	溜池	赤坂溜池二	同十一年十月	一八六	九二	四八	三	一		二			二	一			一	一四二	一五〇	四〇	四八	一八二	一九八
	關	赤坂丹後三十三	同六年一月	一九六	三三	四一	一			一			一					四〇	五七			四〇	五七
四谷	愛住孝	四谷愛住三十二	同十三年四月	一一七	七二		二	一	二				二	二		一	一	四		五九		五六		一一五

四谷

			1	2	3	4	5	6	7	8	9	10	11	12	13	14	15	16	17	18	19	20	21
開進	本村 十五	同七年一月	一四七	五八	二〇	三	一	二	三		一	六	一	一			二	二二一	一五〇	二八	三九	一三九	一八九
井上	麴十二 十四	同九年一月	一七三 一七五	七六	五〇	四	二	三	二	一		六	一	一			二	一〇五	一一〇	三五	四七	一四〇	一五七
槐雲	四谷南伊賀 卅五	同八年九月	一七一	四九	七〇	二		一	二	一		四						五五	六四			五五	六四
友信	四谷南伊賀 八十七	同廿七年九月	三	八	二	一		一				一						二五	一七			二五	一七
今野	四谷左門 十一 九	同十二年八月	一八二	三五	二七	二		一	一			二						四三	六三			四三	六三
增田	四谷鹽三 七	同二十年一月	一〇四	三三	三〇	一		一				一						三五	三五			三五	三五
薰染	四谷傳馬新 一 廿四	同八年十月	一四二	四六	六三	三		一	一	一	一	四						八二	七一			八二	七一
石山	四谷舟 二	同九年八月	一五五 六六	七七	六六 二〇	四	一	一	三		一	五		三			二	一四八	一三八	六五	五三	二三三	一八〇
折原	原三 四十二	同八年三月	二〇〇	四五	八〇	三	一	一			一	二	一				一	二一〇	八五	二五	二七	一三五	一一三
竹內	神樂二 二十	同六年十月	一七三 一三七	一三四	一三七	四	一	二	五			七	一	一	一		三	二四八	三二一	五三	六〇	三〇一	二七一
櫻井	市ケ谷砂土原 三 四	同十三年九月	二五三	五三	一三	三	一	一	二			三						一〇五	七五	二六	二〇	一三三	九五
北辰	市ケ谷山伏 廿一	同十九年十二月	三〇三	六二	一四〇	三	一	一	二			三			一		一	一〇〇	八四	三五	三三	一三五	一〇七

牛込	佐	佐 若宮 二十七	同五年五月	八二	一七	二八	一												二	一五			二	一五
	久間李	牛込北山伏 廿一	同八年一月	一二八	三二	八〇	一	一				二								六三				六三
	榎	町 榎 十九	同十七年七月	一三〇	三六	一五七	二	一	一			二							五四	五三			五四	五三
	宮	比 下宮比 十三	同廿三年四月	九二	二〇	五〇	二	一			一	二							五〇	四八			五〇	四八
	道	德 東五軒 三十五	同廿三年八月	六八	三二	三六	二	二				二							八〇	七九			八〇	七九
小石川	逸	見 小石川指ヶ谷 百十一	同六年二月	一〇三	六六		四	一	一	三	一		五	一				一	一五八	一八一	四五	四八	二〇三	二三九
	渡	邊 音羽九 十一	同二十年六月	六五	三六	一三	一		一				一						六三	六五			六三	六五
	武	島 小石川金富 廿八	同廿二年九月	九二	三七	二〇	一		一	一			二						三二	四六			三二	四六
	武	田 小日向武島 卅一	同廿九年三月	一六六	五三	一四〇	三		二	二			四						二一〇	七四			二一〇	七四
	望	月 音羽四 十八	同廿一年八月	二四〇	四九	一三三	二	一		一			一	一	二			三	八八	五六	一〇	一三	九八	六九
	松	榮 小日向水道 四十四	同十三年七月	一八五	一六	一三六	二			二			二						九五	六七			九五	六七
	益	進 小石川餌差 十七	同十年三	三七	一五	一八	一			一			一						三五	四四			三五	四四

區	校名	位置	設立	1	2	3	4	5	6	7	8	9	10	11	12	13	14	15	16	17	18	19	20	21
小石川	英善	小石川大塚仲 十七	同十四年 一月	一五〇	三三	三〇	一			一			一						二九	三		二九	三
	永持	小石川竹早 十六	同十六年 八月	一六五	二六	一二〇	二			二			二						五〇	三三		五〇	三三
	同和	小石川竹早 七	同二十年 七月	九九	四二	四九	一		二				二						二七	二六		二七	二六
	根守	小石川餌差 卅四	同廿六年 八月	七〇	四一	三五	三		一	一			二						七八	六九		七八	六九
本郷	田中	本郷弓二 五	同八年 十二月	七〇	六五	一五	四	一	三	一			四		一	一		二	一二〇	一四三	三	四二	一五一	一八四
	習性	元二 六十三	同十四年 六月	三〇七	九九	一〇四	三	一		三			二	二				二	一一三	三三	三七	三	一四九	一四三
	市川	湯島一 五 六	同八年 一月	八七	五三	一七	二	一		二			二	一				一	八九	六七	三	一七	一二〇	八四
	練雪	湯島天神二 卅一	同六年 九月	一一四	三四	一四	二		一	一			二						三六	三九			三六	三九
	森	湯島新花 六 十五	同十八年 一月	三五	三	〇	一		一	一			二						六六	五三			六六	五三
	中根	本郷五 十八	同二十年 八月	六七	四〇	四〇	一			一			一						五四	四〇			五四	四〇
	動阪	駒込淺賀 百 四	同廿七年 六月	三〇〇	一五	二〇〇	一		一	一			二						三〇	三五			三〇	二
	本郷區教育會附屬	森川 四十七	同廿八年 四月	九五	一四	七三	一		一				一						二九	三七			二九	三七

表 四

下谷

本島	下谷仲御徒二 四十八	同六年二月	一三七 一六三	一八九	一六三 三	三	一	一	二			三	二		一		三	一四五	一二〇	五〇	三四	一九五	一五四
渡邊	下谷坂本四 一	同六年八月	四七五	九八	三〇〇	三	一	一	一		一	三	一			一	二	一五九	一二五	五二	四三	二一〇	一五八
岩瀨	下谷仲御徒 三 五十一	同六年五月	四九 九七	五五	九七	三	一	二	一			三	一			一	二	一二七	一〇〇	四〇	三四	一六七	一三四
天海	下谷下車坂 廿九	同廿八年三月	一六〇	六〇	一〇四	三	一	二	一		一	四						八八	九八			八八	九八
愛日	下谷仲御徒 三 七十三	同六年三月	二〇	五三	九八	三	一	二	三			五						三一	一二五			三	一二九
豐實	下谷入谷 二 十	同十四年九月	一六八	六〇	一三三	三	一	二	一			三						七九	九二			七九	九二
諸星	下谷金杉下 四十六	同六年九月	九四 八〇	四九	四五 一四	三		一	一			二						八三	八二			八三	八二
同善	下谷北稻荷 卅二	同廿二年六月	一三三	七九	七〇	四	一	一	二			三	一			一	二	一五三	一五六	三六	三	一八八	一六〇
山伏町	山伏 十七	同卅二年六月	八六	一五	五一	一			一			一						三六	二八			三六	二八
雞鳴	下谷北稻荷 二	同十七年二月	五三	五七		二	一	一				一	一				一	五〇	四七	一七	二	六七	五九
龍城	下谷西 三	同十八年十一月	四三	三三	一七	二		一	一			二						四三	三五			四三	三五
北谷中	谷中初音三 十二	同六年二月	八六	一六	三〇	一		一				一						八	二四			八	二四

下谷	味岡	下谷御徒一 四十九	同八年二月	六三	五 二九		一		三		三		六〇	六七	六〇	六七
	慈愛	谷中上三崎 南五十六	同二十年十二月	一六三	二七	一〇〇	一		一		一		二八	二九	二八	二九
	御徒町	下谷御徒一 一	同十五年十二月	六〇	四四	〇	二	一	二		三		三	九九	三	九九
	東臺	下谷西一	同廿九年十一月	八六	三二	三二	一		二		二		二七	三五	二七	三五
	協同夜間	渡邊小學校內	同卅四年三月	四六	一〇	三〇	一									
	慈育尋常小學校下谷分教場	北稻荷五十二	同廿一年十一月													
	一新學館	西三	同二十年一月													
	青雲	西仲 十	同六年一月	六一	三五	三〇	二	二		二	四		四二	六五	四二	六五
	同分教場	北清島 四十一	同三十年七月	二七	三〇		一	二			二		三三	四二	三三	四二
	成章	北三筋 六十	同十三年三月	二九	二六	三六	一	一		一	二		三五	二九	三五	二九
	橋場	橋場 百十四	同十七年十月	一三二	五五	三〇	三	一	二		三		一三二	一〇二	一三二	一〇二
	三江	小島 八	同十四年三月	九四	四〇	一六	四	二	一		三	一	一二八	一三五	一二八	一三五

淺草

吉江	北富坂	十二	同六年四月	三	三五	〇	二			三	三			五七	八三			五七	八三
開蒙	森田	十三	同七年一月	四四 三〇	四二	〇	二	一	二	一	三			六五	六三	三五	三〇	九〇	九三
馨雲	村木	廿二	同六年一月	九六	四七	四〇	二	一		二	二	一	一	八三	九九	三	三	一〇四	一三〇
寺部	聖天	廿五	同六年二月	一〇七	三九	七五	三		一	二	三			九六	一〇七			九六	一〇七
田島	田島	二十	同卅一年十月	一九二	八六	六〇	三	一		四	四	一	一	一二五	一二八	二九	二〇	一五四	一四八
敬業	新福井	三	同十年四月	五三	四二	〇	二	一	一	一	二	一	一	一二〇	一〇五	一七	二〇	一三七	一二五
臨川	新福富	四	同五年三月	八五	三八		三		一	二	三			九三	九七			九三	九七
愛育	寿	三十四	同二十年十月	三三	三三	三	二		二		二			七三	五三			七三	五三
吉野	吉野	六十三	同九年十一月	七五	三	三三	二		一	一	二			三三	一六			三三	一六
堤南	田二	十七	同六年二月	五〇	三三		二		一	一	二			七五	五四			七五	五四
雷坡	西鳥越	三	同廿一年十一月	六六	二四 二	〇	三			四	四			四一	七二			四一	七二
魁進	駒形	六十五	同六年一月	二八	三		二		一	一	二			五二	五三			五二	五三

淺草

有鄰	同柳原二 一	同十一年二月	一六 二六	二七		二		三			三			五九	三			五九	二
時和	猿若二 二十 三	同八年九月	八〇	二八	二四	二		二			二			七八	九一			七八	九一
花園	松葉 百二十 三	同十三年三月	一二五 二〇	五六	四八 二〇	三		一	三		四			一五八	一四九			一五八	一四九
清貧	黑船 二十四	同六年	四五	三		二		一	一		二			七三	七六			七三	七六
北辰	淺草 十七	同廿一年六月	九八	一五	三〇	一		二	一		二			四一	三六			四一	三六
山田	山之宿 一	同六年二月	八八	三九	二八	二		二	一		三			一三三	一〇五			一三三	一〇五
小川	田原二 廿九	同六年一月	三三	三〇		三		一	二		三			六三	六九			六三	六九
豬瀨	福井一 廿六	同六年二月	三三	一九	〇	一		一			一			一六	一七			一六	一七
美以美	新谷 二十四	同十八年二月	一八三	六〇	一三九	二	一			一	二	一	一	九九	六〇	二	一〇	一一〇	七〇
篠塚	下平右衛門 一	同六年五月	四	四八	〇	二	一		一		二	一	一	四九	五八	二	一四	六〇	七三
山田	小島 十七	同廿五年二月	九五	九五	四八	一	一	一			一	一	一	七三	九一	二	九	八四	一〇〇
清田	千束二 二百 廿五	同八年四月	五〇	一八	九	一			一		一			二九	三四			二九	三四

淺草

千英 八	千束二 三百	同廿一年十一月	五〇〇	四八	一八〇	二	一	二	一			三		一	二	一三六	一二七	一六	一一七	一四三	一四四
耕園	淺草 二十九	同十五年五月	三六	一六		一			一			一				四六	四四			四六	四四
寺本	馬道七 五	同十三年六月	七四	四三		二		一	二			三				一七八	一三九			一七八	一三九
田邊	淺草猿屋 三	同十年四月	一三	五七	四三	三	一	一	三			三				七八	五八	一七	一九	九五	七七
正玫	七軒 二	同廿二年六月	五八	二五	三〇	三			一			一				四三	三三			四三	三三
聖保錄 八	向柳原一 十	同十八年十月	二八一	四六	一〇〇	一		一	一			二				一九	一五			一九	一五
鷗川	今戶 五十一	同十年三月	三三	一四	一〇	一		一		一		二				三一	二六			三一	二六
倘德 八	龜岡三 百廿	同三十年七月	九八	三	二五	一		二				二				三七	二九			三七	二九
野間	田原一 十九	同三年六月	一六	二五		一		一				一				四三	四九			四三	四九
田川	吉野 二十六	同九年八月	五三	四九		二		一	二			三				三三	二一			三三	二一
中清	西鳥越 二十	同十八年五月	八二	二七	〇	四			一			一				七四	六七			七四	六七
鳥越 三	元鳥越 二十	同六年	一五二	三	二五	一	一														

表

淺草	慈善	田島	二十	同廿二年九月				一													
本所	刀根	本所元	九	同六年七月	八七	四四	五五	三		二	一		三			一二七	一三			一二七	一三
本所	兩國	横網二	十八	同十二年十一月	三九	一〇九	一五三	三	一	一	四	二	七	一	一	八〇	一六四	四九	七五	二三九	二三九
本所	龜澤	龜澤一六	二十	同十六年三月	六五	三三	一七	二		一	一		二			七七	六二			七七	六二
本所	廣田	菊川二二	五十	同廿六年四月	一六二	三三	一二五	二		一	一		二			六三	六五			六三	六五
本所	豎川	緑三	五	同六年	一二三	六四	二七	四		一	四	一	六			一七〇	一三二			一七〇	一三二
本所	開發	外手	九十一	同十九年八月	五〇七	一四六	一九二	九	一	五	七	一	一三	一	一	三三六	三二六	一〇〇	六四	四三六	三九〇
本所	松代	松代二一	二十	同六年七月	八三	五四	三五	二		一	一		二			九二	一二九			九二	一二九
本所	東橋	中之郷瓦	一	同廿七年十二月	一八一	四八	一二五	三	一	一	三		四			一四三	一二三			一四三	一二三
本所	幸田	相生四	十七	同六年三月	六〇	二七		三		三			三			八五	八二			八五	八二
本所	博愛	林一	十四	同六年九月	一二七	六三	五〇	三	一	一	二	二	五			一三四	一三一	一九	一八	一五三	一四九
本所	菊川	菊川一	四十	同五年十一月	一三一	四二	四八	四		一	二		三			一〇七	九五			一〇七	九五

本所	松倉	松倉二 百十二	同六年二月	二三五	四二	四五	三		一	二			三						二六	八七			二六	八七
	松阪	松阪一 一	同廿九年八月	二九	三〇	〇	一		一				一						三〇	三三			三〇	三三
	英進	林二 三十六	同十八年三月	五五	二九	一五	一		一				一						三九	二七			三九	二七
	敬愛	本所横川 六十八	同十二年三月	二三三	三〇	一七八	一		一				一						四八	四六			四八	四六
	明華	三笠 四十三	同廿五年十二月	八五	三三	二五	一		一				一						七五	五三			七五	五三
深川	福島	深川中島 五	同八年六月	六四坪	三九坪	一七坪	二	一	二	一		一	四						六二	六〇			六二	六〇
	文貴	深川西森下 二十五	同六年三月	一九五 四〇	九二	六〇	六	一	五	一	一		七	一					一七〇	一七九	三五	三四	二〇五	二一三
	金生	深川富岡門前仲 三十七	同六年六月	一〇八	四九	三五	二	一		三			三	一					一二四	一二二	二六	九	一五〇	一三〇
	伊澤	深川御舟藏前 四十二	同十二年七月	六二	二九	一五	二			二			二						五八	六四			五八	六四
	大谷	平富二 一	同八年六月	八八	四二	一〇	三	一	三	一			三						九八	八二			九八	八二
	高木	深川富岡門前東仲 七	同廿二年六月	一三二	四八		三		一	一			二						一三	一八			一三	一八
	東洋	深川中川 五	同十三年十一月	六九	三	四〇	二		二			一	三						七五	六〇			七五	六〇

西元	深川西元 一	同廿三年十一月	三四	二四	六	二	一		二	三	八二	六〇		八二	六〇
畑	深川常磐二 三	同八年三月	二七	一八		一	二	一		三	四八	五三		四八	五三
成玉	深川八名川 二十七	同十八年九月	七八	三三	三五	一	二			二	八三	七六		八三	七六
諏訪部	深川靈岸 卅八	同十二年九月	五六	三		二	一	一		二	七四	六三		七四	六三
東川堂	深川龜住 四	同六年九月	六三	三		一	一	一		二	五三	五六		五三	五六
喜音	深川富岡門前 五十七	同十八年三月	一八八	四六	五五	二	一		一	二	八五	九三		八五	九三

總計

校 三二 一六六 二七 一〇 二六一 一〇八 七三 一四九 九四 一四 八三 一三 四五 五一九 七〇 一二五 三三 一三 一三一 一六四 九六 一六五 二七 一三三三 二一四六八 一八八二八 一八九九五

東京市立幼稚園表

區名	園名	位置	設立年月	敷地坪數	保育室坪數	遊戲室坪數	遊園坪數	組數	保姆數	幼兒數 男	幼兒數 女	幼兒數 計
麴町	番町小學校附屬幼稚園	下六番三十六	明治廿三年十一月	本校敷地內	三六	三〇	一二〇	三	三	六六	七九	一四五
	麴町小學校附屬幼稚園	元園一三十一	同十七年十月	四〇六	三三	三〇	一三〇	三	三	八三	五七	一四〇
	富士見小學校附屬幼稚園	富士見六二	同二十年七月	二三〇	一八	三〇	一二四	三	四	八三	七五	一五六
日本橋	常盤小學校附屬幼稚園	本石一十七	同廿八年四月	本校敷地內	三	一六	八〇	三	三	六五	四六	一一一
	城東小學校附屬幼稚園	通四一	同廿八年一月	二一二	二四	一六	三六	二	三	八一	五二	一三三
	阪本小學校附屬幼稚園	阪本四十四	同廿八年三月	一三三	三三	二〇	九四	二	三	四六	五一	九七
京橋	朝海小學校附屬幼稚園	築地二十八	同十二年	本校敷地內	三八	一三	一四〇	三	四	六四	六七	一三一
赤阪	青山小學校附屬幼稚園	青山南三廿三	同廿八年四月	一三八	三	一六	一〇〇	三	四	五七	三三	九〇
	中之町小學校附屬幼稚園	中八	同廿三年四月	一三五	三六	二〇	六〇	三	四	六六	三六	一〇二
本鄉	誠之小學校附屬幼稚園	駒込西片十	同二十年六月	三〇八	二七	二〇	一六〇	三	四	八〇	六四	一四四

下谷	根岸小學校附屬幼稚園	仲根岸二十九	同廿二年一月	八七	一八	六	三三	二	二	九四	六六	一六〇
	西町女子小學校附屬幼稚園	西三	同三十年二月	七九	三	三	與本校共用	二	一	四七	三三	八〇
淺草	柳北女子小學校附屬幼稚園	向柳原一六	同廿二年二月	本校敷地內	三七	一六	五二	三	四	七二	六四	一三六
本所	江東小學校附屬幼稚園	元二十四	同十四年十月	一〇〇	三三	一六	與本校共用	三	四	八二	五一	一三三
	中和小學校附屬幼稚園	林三四十二	同十九年三月	三〇	一五	二	六〇	二	二	三三	一八	五一
深川	深川小學校附屬幼稚園	東森下百二一	同十七年十一月	本校敷地內	二	二	一九二	二	三	七九	四六	一二五
	明治小學校附屬幼稚園	万年二十五	同廿二年四月	八〇	二四		四九	二	三	六九	四五	一二四
	總計		圓 一七	一九〇七	四六八	二九三	一六八八	四四	五四	一一六七	八〇	二〇四七

東京私立幼稚園表

區名	園名	位置	設立年月	敷地坪數	保育室坪數	遊戲室坪數	園遊坪數	組數	保姆數	幼兒數 男	幼兒數 女	幼兒數 計	一年經費總額
麴町	二葉幼稚園	土手三番 七	明治三十三年一月	九三坪	四坪	七坪	四三坪	一	二	二〇	一九	三九	六七七
神田	三崎町幼稚園	三崎三 一	同卅一年四月	五九	八	一〇	一五	一	二	一三	一〇	二三	一三八
	一ツ橋幼稚園	表神保 一	同廿三年八月	一〇〇	一六	九	三四	二	二	三一	二九	六〇	六〇〇
	東京女學校附屬幼稚園	西小川 一 一	同廿三年四月	四二	三	八	一三	三	二	二〇	二六	四六	一三〇
	神田幼稚園	錦三 一	同廿三月五月	七五	一四	一二	一六	二	二	一二	一五	二七	一五八
日本橋	養德幼稚園	濱一 二	同廿五年八月	六六	一四	一三	二	三	二	三七	三八	七五	七四三
	日新小學校附屬幼稚園	十旅籠 一 二	同卅三年七月	六八	六	一三	三	一	一	一四	六	二〇	四五
京橋	木挽町幼稚園	十木挽 一 一	同廿七年六月	二〇	一三	五		三	一	一一	一四	二五	九
	築地幼稚園	築地舊居留地廿三	同卅二年十二月	一七〇	七	九	二七	二	四	二六	二五	五一	四〇〇
	靈巖島幼稚園	靈巖島銀 一三	同卅三年五月	八八	三	一八	三九	一					

芝	芝麻布共立幼稚園	芝公園第六號地三	同十七年十月	四七三	三九	一九	一三	三	四	六四	五二	一二五	九九四
麻布	麻布幼稚園	麻布東鳥居坂八	同廿四年	一五五	三五	一五	一三〇	三	四	三四	四二	七六	三七三
四谷	四谷幼稚園	荒木二十七	同廿二年八月	一〇〇	二四	一六	四八	二	一	一七	三二	二九	二一七
	彰榮幼稚園	仲三十	同卅一年九月	一〇五	一六	一六	三四	二	二	二三	三六	五八	三五〇
牛込	共立幼稚園	袋十五	同卅一年二月	一三〇	二〇	一二	六〇	二	二	二七	二八	五五	三八五
	河合幼稚園	原二三十八	同廿三年八月	四六〇	三五	三五	四三	三	三	四〇	四五	八八	四六一
小石川	小石川幼稚園	小日向水道端	同十九年四月	一五〇	一七	九	一三五	三	二	一八	一八	三六	四五〇
本鄉	冲靜幼稚園	弓二十三	同十九年十一月	三二	一〇	一五	九九	三	三	三六	三〇	六六	五〇三
淺草	淺草幼稚園	象潟九	同廿九年十二月	二〇	三	八	三五	三	二	三九	三三	六二	三四〇
	總	計	一九圓	二六六四	三四五	二三七	二三〇三	四三	四一	五八二	五七六	一二五八	七〇七二

日本考察學務游記

光緒癸卯正月江南高等學堂總教習江陰繆小珊荃孫提調南陵徐積餘乃昌奉署兩江總督張公咨赴日本考察學校初十日自江甯赴滬分教習侯官孫孝鬻筠王光宇艮英江陰張小樓楠譯書局分纂丹徒柳翼謀詒徵中學堂教習江甯侯健伯巽小學堂教習懷甯舒伯琴廣元同行并挈一僕一鬀匠一庖人共十一人

十七日癸酉晴　趁日本西京丸行日本郵船株式會社船也午正展輪出吳淞　由茶山向正東行　日本船窗戶虛明几榻精潔分頭等二等三等客位旅人姓名必書艙面兼載明開往何處謂之出帆報告又每食必陳一紙几上謂之獻立書獻立書者猶中國云食單也

十八日甲戌晴　無風平甚　亥刻南面有山見塔鐙

十九日乙亥晴　晨抵長崎　山水雄傑有類香港四圍青綠圖畫天然

有醫士驗病旅人坐艙面俟之然驗甚草草行後方准入口　上岸見
中國領事鄒筱村振清詢風俗在署早飯　筱村爲電致神戶蔡領事
又發東京王惕齋仁乾信　訪去歲延聘東文教習白河次郎寓所約同
赴東京　酉初開行
二十日丙子晴　晨抵馬關　醫士驗病如長崎　停輪載煤小舟運煤
者麇至上下輸納約數百人井然有條無一譁譟者船中事務員松永君
云馬關對岸爲門司門司多煤鑛貧民賴以餬口運送工價八七八十錢
約合中國銀一圓視吾國工人所得蓋數倍矣　午初開行天霽日暄綠波浩渺
時見帆檣出沒島嶼中唐人句云水如碧玉山如黛仿佛似之
二十一日丁丑晴　晨抵神戶　驗病同　登陸先至中國領事署見蔡
詠南勳　電陸師學堂留學生監督姚文甫煜　坐甫定有大阪報館訪
事人徑入聽事詢予等來遊顛末并中國近事錄諸手版而去日本全國

報館林立主筆者咸有采訪權事無鉅細悉可直書無諱昨抵長崎已見於今日報紙消息之捷可以覘國之所由興矣　乘急行車赴東京過大阪西京名古屋循富士山行屢洞山腹過大雪尺許山盡白亭亭如玉柱又過大磯風景絕佳

二十二日戊寅晴　早濱大海行　巳刻抵東京新橋車棧　王君惕齋來迎偕赴京橋區木挽町厚生館　入戶必釋履席地坐陳設雅潔室無纖塵　電江甯學堂總辦胡研生糧儲

二十三日己卯晴　偕積餘附火車至橫濱一時即至　見中國領事張賡三義澍　到中華會館復到中華學堂分甯波廣東兩幫皆讀三字經四子書長者讀西文歲費四千餘千　未刻西京丸到埠收取行李海關查驗嚴而不擾　晚回東京　橫濱神戶長崎大阪約有中國六千餘人閩廣甯波居多東京僅有留學生亦千餘人

二十四日庚辰　移寓南小田原町四丁目五番地　懷甯葉樹濤善鎔來　先是二十一日日本彰仁親王以腦病薨國中禁歌舞三日據報紙云王爲故伏見宮邦家親王第八子弘化初仁孝天皇取爲養子賜名嘉彰封親王明治初任軍務總裁改兵部卿充征討大將軍稱東伏見宮後改稱小松宮繼熾仁親王爲參謀總長以功賜菊花章稱元帥遊歷歐洲各國所至有聲及薨天皇爲之輟朝三日焉　交白河學士正二月修金取收條謂之證書

二十五日辛巳晴　使館隨員銓雁坪林袁子文湛恩姚文甫來金陵張尊五修爵來　午刻行李到　晚同入議看學堂宗旨

二十六日壬午晴　謁　欽使蔡和甫鈞監督汪伯唐大燮長談　訪書肆循馬車鐵道行約數里見馬車往來如織乘者按地購券一區十錢法頗便念金陵街衢廣闊若仿行之亦交通之一益也　晚遊大街勸工場

勸工場者百貨叢萃處也隨地勢爲彎環五光十色瓌怪陸離令人目眩都城不下數十處勸工博物國人便之吾華此時縱不能遽興賽珍會此事似宜倣行

二十七日癸未晴　至本鄉區高等師範學校訪校長嘉納治五郎表明考察學校之意　坐次嘉納君電話達外部詢往見期覆云翌日九點鐘嘉納君并約同往　健伯錄其室中本學問割表　訪國光社支配人阿多廣介購日本學制大綱　午後訪姚文甫於八幡宮地踞山巔極軒敞又訪夏地山（偕復）亦在山極幽邃古松夾道流水濺濺則相同也　日本郵片以青蚨十五枚購一紙書寘受箱少頃即有郵使代達舉國便焉

二十八日甲申晴　偕積餘小樓到日本外部見總務長珍田君（捨巳）嘉納君在座面遞學堂單約後日同至高等學校定議　錢念劬（恂）來言中國教育現在宜專重國文宜廣開學塾宜編定課書不宜修廣廈不宜延

外人不宜重洋文　詣國光社偕阿多君訪伊澤修二（字樂石）爲日本著名
教育家伊澤君招吳止棨（振麟）來譯談問倫理何以編書答明治二十三
年天皇頒教育勅語數十句下以史書時事論斷中國有
聖諭廣訓本之以成書較易　途次所見各鋪薙髮曰理髮塵洗衣曰洗
濯塵賣牛皮曰革商賣假髮曰髢商鬻魚曰魚林刻字曰剞劂鋪賣故衣
曰襤褸商錫名典雅殆皆沿用古製歟
二十九日乙酉小雨晚晴　外部屬岩村成允（子功）來訂看學日期並導
觀各校岩村能中國語曾留京師六年　訪連仲三（捷）於宏文學院外舍
見錢念劬言日本帝國大學造就人才細密沈摯微嫌拘謹早稻田大
學天骨恢張與美國學校相通而有自由平權宗旨第在日本則流弊尚
少慶應義塾幼稚舍最精善成城於中國學生縮五年功課爲二年半焉
得純熟同文清華更屬兒戲矣

二月丙戌朔大風晴　赴高等師範學校岩村君白河君先到二君以後視學均同行偕謁　聖廟昌平舊學也大門曰入德門二門曰杏壇再進爲大成殿寬永七年建階戺廊廡猶是中國規模不圖於海外見之　又導觀陳列場教育博物館卽設於　聖廟之兩廊又觀動物實驗室動物標本室地學室　與嘉納君訂分日視學期　游九段國光館觀庚子天津戰役油畫其法張畫於暗室用透光法逼現畫中彩色憑欄遠視惟見礮火迷離田廬狼藉聯軍躍馬馳突不見有中國一兵間有一二裹紅巾披辮髮仆地不起者則聯軍所斃拳匪也日人以此鼓勵國民有游者則命一僮演說日軍戰勝之狀吾輩至此慘憤交集歸時當以此普告國人使知國恥民艱急宜振奮不可如故之泄沓也

二日丁亥陰　游帝國圖書館藏書八萬餘冊讀者日二百餘人宋元本十餘種中國書百餘種餘皆和英法德文讀漢籍者亦罕見矣　遊上野

公園園中夾道森林爽溢襟褱由德川氏家廟入動物院觀各物豢寄所凡三十一處閒房曲徑結構天然所豢生物鳥類則鶴·鸛·鴻·鶩·雞·雉·鸚·鴕鳥·鸂·鶒·梟·鷺獸類則獅·象·橐駝·獮猴·狐狸·驢·犬·豪豬·麋·鹿·熊·羆北極所產西洋所攜或出印度或來高麗區分種類盡怪極奇　次入博物館內有宋本玉篇廣韻太平聖惠方均極佳磁器古鏡古錢尤多　園旁有不忍池臨池有寺名天龍山寺門風景極幽靚之致寺有碑五一半仙先生衣幘之藏碑嘉永三年綾瀨龜田梓撰中根聞書一靄厓山人退筆冢銘嘉永三年水竹拙者撰玉岡道人集臨右軍書一愛蓮說天保六年平巖伯尹記一虛沖軒先生碑文政二年立一登二荒山觀三瀧作歌撰者及年月皆不詳五碑書法皆極工中根聞隸書尤有曹景完碑神致寺後又有一碑大書芭蕉翁三字日本有名詩人也字亦圓勁　晚雨

三日戊子陰　游淺草公園門側及庭際多塑偶像紀日本古代名賢事

實際地籠罝鳥獸別院列盆卉極多動物皆上野所有惟虎豹獮狒狒狠
狽六種上野無之又有水鳥似鵝而大頸懸一袋色甚紅每食則延頸張
口以袋取物游泳水中不知何名也　晚雨
四日己丑晴　赴文部省見總務長官岡田君良平　觀印刷局局長派
員導觀初至官報編輯所底本纍纍然諸編輯者以朱筆標題點竄部居
分別各無停晷次至檢查所岩村君云官報事件皆据各省部報告編輯
有譌迕者則歸檢查所核之次至鑄字所內有一新機器製羅馬字母者
日八購自美國仍延美國工師董之鑄字所側爲印報所云機器速者每
一時可印二萬紙次至醫院云工人入局必先至院中檢查體質强弱有
病與否然後收用每日赴工亦必入院驗看院中有醫士二三人別室列
量力表及身度次觀石印與銅板印次觀製郵票所印者切者裒者鑿孔
者皆以女工爲之工手著白衣工師黑衣按部就班絕無惰懈嬉戲者中

國近日議行鈔票京師及直省多浼日本印製局員出以相眎模式精細
屡非中國所能及然凡事假手外人利權因以外落滬上屢聞有僞票皆
日人私行仿製者當國者何不慮及此

五日庚寅晴　趁上野火車至王子觀印刷局之造紙處偕往者爲連仲
三太守（提）見局長得能君（通昌）局長先導登樓觀各種原質下至敝布朽
本稻草之屬均克製紙其間以三椏皮爲最潔白木棉次之局員旋導觀
剉切室湔洗室蒸煮室又一室庋絕大機器大小凡百餘輪將所蒸成之
質傾注其中俄頃成紙而熨而烘而切具備眞便捷也又到發電室每動
機闢電光輒照離奪目到試驗室試其紙之堅韌與否最後到會計室半
係女子簿錄句稽均所夙嫻局長云日本男女四千五百萬人中女子約
二千萬人皆有職業此其一端　局明治八年建迄今凡二十八年而規
模大備矣　日晡後至麴町區嘉納君宅聽講（講義另錄）

六日辛卯雨　觀警視廳其第二部長松井君導觀外國語教習場刑事巡查教習場又一場教吾華之學警察者湖北十八人北京六人次至消防署禦火災者至警察員會議所至各種試驗所市廛各物必驗明始賣時正驗海帶因其綠色太過懼毒人至發電所局員云每日警察事傳電少則五百起多則一千至發車所一分鐘時消防手能駕齊出門因戲發號音集諸人駕車以供吾輩一觀觀畢松井君復演說警察事一曰政治警察二曰刑事警察三曰行政警察內有風俗警察營業警察交通警察危險物警察製造所工藝警察四曰衞生警察內有傳染病警察獸醫警察五曰消防警察語甚詳　警察初用手槍繼用木梃今用刀并議設騎馬警察　晚聽講

七日壬辰晴冷　至巢鴨觀監獄署署係二十一年改建是爲中央監獄署國中有監禁十一年以上罪者俱歸此凡占地六萬坪罪人一千八百名管理官二十一人獄官導以往大門爲鐵柵門穴於下入者皆須低首

守柵者二人犯人衣赭罪滿而願留事工業受教育則衣藍各致力於工作內有工場六第一工場爲鐵工（如製洋釘之類）第二工場爲織工（如織布紡紗製布包之類）木工第三工場爲竹工（如製籃箕之類）紡工第四工場爲鐵工（有製鎗者有爲洋纖柄者較第一工場爲大）第五工場爲舂米之事第六工場爲製豆腐之事每工場有獄官數人監視極其肅靜望之儼然一大工場其爲工所獲之值半充經費而存其半俟出獄時給之此外造飯汲水種菜灑埽運物皆犯人爲之炊室有獄官一人記食量加減表飯則麥米相雜惰者減其食以懲之每日約五點鐘起八點半鐘寢日曜日亦休息惟不准外出親族得入內省視寢室一間約容九人室外有牌上書號碼各號犯名書於裏面終日蓋覆不使人見以養其羞惡之心室中每日有人檢閱一次樓上犯人數十成排而跪獄官令每日輪流靜跪二刻使之內省也二層樓上仿小學校制度教十六歲以下犯人導以善事使其懺悔授以文理啟其知識又有監病獄

一所極潔清每日有醫診治另給飲食病人有欲閱書者則向司獄索之凡初入獄者恐其有傳染病必先住此五日然後入工場居處潔淨不至穢氣薰蒸可以免病一善也施之教育導以悔罪自新之路人皆戢戢守法二善也授以生業使之將來可以謀生三善也我國之監獄黑闇穢臭獄卒陵辱而處其中者又不盡皆死罪有株連波及者讞獄未終而其人已瘐死其幸而出獄者既未加以教訓又未授以生計則仍爲從前之所爲耳故今日言施仁政非自監獄始不可然欲清監獄必先警察部署有成否則犯人手脚舒散越獄甚易且有不止越獄者欲行仁政固非一事一節之所能爲也

八日癸巳晴　至本鄉區高等師範之附屬小學校校分尋常高等二部每部又分二部小學卒業必入中學者爲第一部小學卒業可不入中學者爲第二部第一部尋常小學學科爲修身國語算術歷史地理理科圖

畫唱歌體操高等小學學科與尋常同而加英語一科第二部尋常小學學科爲修身國語算術圖畫唱歌體操手工高等小學加歷史地理理科英語四科別設裁縫科則教小學女子者也第一部尋常修業四年高等二年第二部尋常四年高等四年是日嘉納君遣教授波多野君導觀各教室初至第一部尋常科一年生學極淺心算教師繪盤一果四示加法二年生學極淺圖畫作楳有肖有弗肖者三年生作文題爲廿六日小向井遠足記蓋其師會率學童至此觀楳命記之四年生體操高等科一年生學國語二年生修身師爲演說諸葛忠武事有詰以忠武父何名者師無以畣也　午後觀第二部尋常科一年生習字二年生體操三四年生鈔所作文高等科一二年生讀修身書後解勤儉兩字救助兩字公財私財四字三四年生學輿地有數齡童子發端語用熱帶兩字者次到手工教室裁縫教室大講堂兼唱歌室時教員正授物理解剖生兎說喉嚨發

音處甚詳諸童均圜觀焉第二部男女共堂教員云美國男女共學英德
法男女分學兹用美法通校都計六百人　啟發幼童不徒恃有學堂教
育兼恃有家庭教育該校幼童父母并許參觀俾知學業如何槼榘如何
此亦開示家庭教育之一端也
九日甲午晴　至高等師範學校觀附屬單級小學日本學制小學分多
級單級二種一教員擔任一學年或一學科者謂之多級小學一教員擔
任四學年兼授各學科者謂之單級小學多級一學年爲一教室單級則
僅一室而已該校亦分尋常高等二部尋常學科爲修身國語算術圖畫
唱歌體操高等加歷史地理理科裁縫四科修業均限四年予等初觀尋
常教室諸生各按學年列坐凡四班六十六人教員初教一二年生習字
次教三四年生習算三四年生算畢一二年生字亦成次至高等教室教
員授一二年生輿地三四年生皆執讀本温習次教三四年生作文一二

年生亦執輿地書參攷有不明者師命他生指輿圖析言之後至尋常
室觀諸生圖繪教員以生魚一僞兔一置之講座一二年生繪兔三四年
生繪魚諸生鉤勒著色亦間有可取者　單級只山村小邑之類不得已
而行之者師範學校附此爲不得已而行之者示以模範而已　嚮午回
寓　文部省送書來
十日乙未晴　日曜日停學　蔡星使招飲偕積餘往黎桂塢袁子功卞
薇閣綍昌吴瀚濤廣霈同席
十一日丙申晴　至赤阪區觀東京府師範學校校中諸生方與春期試
驗未能詳觀教授之法午後觀附屬小學校該校分男女爲二男女各分
尋常高等二級是日午後課程爲體操游戲諸教員因予等往觀率諸生
盡獻其技投毬角觝跛腳變裝鬬場喧鬨而有兵家部勒之法觀畢錄該
校及師範學校課程表數通歸　明治六年東京府創設小學校教員講

習所八年築校舍於麴町區始稱東京府師範學校二十年移於小石川區三十二年始遷於青山町校中敷地凡萬二千三十坪建築經費凡二十七萬八千九百五十七圓校中分本科豫科二部本科學科爲修身國語漢文教育歷史地理算術幾何圖畫音樂博物物理英語手工習字體操豫科學科爲修身國語漢文歷史地理算術圖畫音樂博物物理英語習字體操本科修業四年豫科修業二年據校長云本年四月擬改豫科修業爲一年凡高等小學卒業生願充師範者必先入豫科豫科卒業始升本科本科卒業須充小學教員十年謂之義務教育此十年中或願入高等師範學校及各實業學校教員養成所則可不充教員餘則無論貧富均不得治他事該校現有本科生三百二十八人豫科生八十八每生月給補助費三圓五十錢寢具衣服亦由校中製給附屬小學合尋常高等男女四項生徒共五百餘人尋常科不取學費高等學費每生月輸一圓

五十錢師範教員二十二人小學教員十五人小學教員之外每班別設一教生俾師範學校本科四年生充之蓋教生可補教員之不逮而又可練習教授之法此師範學校所以必附屬小學校也該校常年經費共五萬三千餘圓皆由東京府籌給日本定制國民有地若干或營業得錢若干歲出地方教育費若干東京府所籌者皆地方教育費也　師範學校另設一師範講習科蓋專爲貧士急欲謀生不能入師範豫科本科者而設高等小學卒業生有才識過衆者試入此科修業一年卽可爲尋常小學教員此科定額五十八人現有五十四人聞該校長云現各處尋常師範生均已敷用此項師範生無可位置一二年後卽擬裁撤中國近辦學堂日慮教員之少苟爲急就計正宜設此講習科矣　橫濱領事張賡三招飲附火車往張君立權卞薇閣黎桂塢同席還寓已過十二鐘

十二日丁酉晴　至小石川區看東京府女子師範學校及第二高等女

學校附屬小學校女子師範與男子師範科目大致相同惟加裁縫割烹作法三科是日校長林吾君不在教諭導予等觀各教室特命諸生修唱歌作法二課留予等觀之午後二時師範生集音樂室唱歌教員坐彈洋琴諸生執課本引聲和之疾徐抑揚如出一口記音節之方法倣之歐洲樂器皆自歐洲來而曲中詞義音節則本國教育家文家及音樂家所議定三時至作法教室觀諸生行禮諸生以三四人爲家屬一人爲主一人爲賓賓及門主人出迎俯首至地賓答如之主人肅客入客膝行前主人從及席主人讓客俯首至地客答如之然後即席家人坐進火具先賓後主皆俯首至地進具退膝行三轉而面外然後敢立次進茶如進具禮主人讓客客舉盞飲主人舉盞飲飲畢家人進客饌主人讓客客食之懷其餘家人復進茶賓主皆飲飲畢皆降席俯首至地膝行三然後起立及門復俯首至地客出主人還家人撤具予等亦出日本維新三十餘年事事

效法泰西而國中古禮相沿不廢且於學校特設一科所謂國粹保存主義也中國新學家動詆古禮拘拙飲食起居無一不欲改從各國可謂知二五不知一十矣

十三日戊戌陰　至本鄉區觀女子高等師範學校及附屬小學幼稚園幼稚園生徒共百七十八半爲紳富子弟納學費者半爲貧兒不納學費每日午前九時入園午後歸家園中教員皆女師助教則師範將卒業之女子也予等初至二年級教室蓋教四歲至五歲小兒者女師坐扶琴小兒三四十環坐四歲者三人共一矮椅五歲者二人共一椅女師唱歌小兒亦唱小兒唱不中節女師輒張口擧手作勢示之次至一年級室則教三歲至四歲者女師坐演說古事小兒環聽有不明者詰難不少假師亦怡然諭之次至三年級教室則教五歲至六歲者女師東向坐小兒約四五十倚壁而坐室甚闊朗畫地作一小圈外作一大圈女生三人倚壁立

女師鼓琴女生率小兒循圜行尋令攜手環圜立俯仰屈伸皆有法度女師操梅花曲女生歌之小兒循圜錯立爲梅花式倏歌茶花則小兒亦作茶花式琴聲甫停小兒閧然散予等亦出據該校幹事云幼稚園無讀書習字課程惟教唱歌遊戲之易者及古昔賢哲嘉言懿行淺顯易曉者使小兒身體發達腦力活潑漸知練習學校規矩六歲畢業入小學則其勢如水之趨下自不畏學校之拘苦矣次至高等小學觀諸生爲擊毬秋千之戲又至各教室有授讀本者有講生理者有課地理者皆約略一觀午後至體操場諸生方作徒手體操著白色窄袖衣短悍精健如男子然旁有一婦著西裝側立佇視幹事云是專攻體育者近自歐洲攷察婦女體操法歸國故來參觀予等坐片時後至自修室食堂盥沐所洗浴所炊飯所略觀　晚嘉納君招飲偕積餘往宏文學院餞念劬連仲三張虞廷姚文甫岩村白河同席　晚大雨

十四日己亥晴　至麴町區觀東京府第一中學校校長勝浦鞆雄君云中學課程與師範學校無大差異而目的不同師範爲教小學之師中學爲教高等之士故教授實際不可一例以觀該校剏設二十餘年卒業生約千三百人其升入大學爲學士及由陸海軍各學校卒業任要職者甚多學生定額八百八現有七百七十餘人分二十一級教員共三十七人文部省定例學童入高等小學二年卽可入中學近年入學者多中學校不足以容故重定考試之例學童非有高等小學四年學業程度不能與考故入學者大抵皆在高等四年然亦有僥倖之士懷挾祕本與考者該校力懲此弊凡募集新生及每年校中定期試驗休業皆由教員嚴加監察亦不能盡革也校長導觀各室怱怱一過未能詳眎惟教物理及化學室少停物理室羅列電綫瓶水於案教諸生以發電之理化學師以水酸化合法及青血赤血鹽化合法教諸生實驗皆極平易無難解者夾至體

操室諸生方習兵式體操擎槍植立教員傳習口號旁有二三十生洗擦槍桿均甚整暇教員室有牓一作擘窠字曰載色載笑匪怒伊教此兩語眞教員方針也謹志之　午後觀有馬小學校市立校亦八百八校長召全校生徒集階下為吾輩施禮焉至放歸時師立表門内生徒六人一班脫帽對師行鞠躬禮竢師答禮畢乃敢行餘所見均如前

十五日庚子晴　至上野公園觀美術學校該校初稱圖畫取調掛後改稱東京美術學校明治二十一年始自文部省遷於上野公園舊教育博物館校舍錯雜頗異他校學科為繪畫圖按雕刻建築美術工藝均限修業四年初入學者先修豫備科一年是日校長正木直彦君導觀各教室凡分日本畫西洋畫圖按雕刻雕金鍛金鑄金漆工八科畫均用實物摹繪其西洋畫則油畫也雕刻髹漆兩處最可觀觀畢至精養軒午餐窗外茶花與老梅紅白相間旁有曲徑蜿蜒通茅亭循坡陀下則不忍池暨天

龍山寺在焉卉木蓲蔚綠陰四繞此當爲東京第一遊玩佳境　午後至音樂學校時講師已撤席無可觀僅睇生徒自修而已人手一譜箏琴雜弄其樂大抵皆取之歐羅巴者居多　是日地震　晚大雨

十六日辛丑晴　至神田區觀商業學校校中有商品陳列所二一爲各國所產暨日貨之可販運各國者畢具焉教室較他處大每一室輒容百餘人

十七日壬寅雨　日曜停學　馮立甫閎模招飲於偕樂園　晚大雨徹夜

十八日癸卯　小雨竟日　至淺草區觀高等工業學校及附屬工業教員養成所職工徒弟學校工業補習學校高等工業分染織窯業應用化學機械電氣工業圖按建築諸科染織又分色染機織二科電氣又分電氣機械電氣化學二科修業均限三年工業教員分本科速成科本科分機械建築染織窯業應用化學工業圖按諸科速成科分金工木工色染

機織陶器漆工諸科本科修業三年速成科或一年或二年高等工業校
舍經始於明治十四年現方改造規模宏闊結構精細益該校建築工匠
皆本校生徒故一切運以新意高等學生皆中學畢業生考取教員則中
學生及尋常師範卒業生職工徒弟則小學卒業生也工業補習學校專
課貧民之治工業而不能就學者晝間作工夜間入校補習工藝其法頗
善聞政府貼四校經費每年約五十餘萬圓云　午前在標本室觀電鍍
銅器及電氣所製牛骨牛皮等物據云牛骨製灰可為燐日本呼火柴為
燐寸即此物所製又有一種石炭係合木炭砂石以電氣製之其堅可抵
金剛石次至化學定性分析室見一印度留學生試驗藥水導者云該校
有三國人留學中國及朝鮮印度也英滅印度奴隸遇之雖有才智不得
受高等教育印度人出而留學則英人貽書各國政府誡各國毋得使之
學政治法律僅以工商製造賤業教之而已故印度人之在日本者學業

程度遠不能如中國及朝鮮人亡國之慘至於如此　午後至電學科教室觀試電燈之光力其法置電機於暗室發機然燈傍壁置長机机一端置一銅鏡斜射燈光一端然一煤氣燈中隔一玻璃鏡以透兩燈光綫然後以顯微鏡眎玻璃鏡中光度之多少即得兩燈光力之大小據試者云此次所試電燈光力大於煤氣燈六百倍云再至教員養成所及徒弟學校一閱冒雨歸　工業學生以半日聽講半日作工各科每週教授時數均三十九時各學校無如是之多者染織機械教室所列機械甚多間亦參以手工循視諸機械標題如試染器綛絲捺染機木棉漂白器湯通機械木棉精練釜瓦斯燒機械酸化器六挺杼木棉力織機皆英國所製綛絲洗滌機高壓蒸汽機絹付力織機皆獨國所製翦毛機刷毛機起毛機洗絨器毛布力織機皆白國所製捺染機絹絲緯機力織機四挺杼木棉力織機皆瑞國所製其本國所製僅有二種葢日人能絜各國之長用其

新器新法故不必自製機械即能爭衡各國也

十九日甲辰陰　至小石川區觀盲啞學校該校本屬私立後轄於文部初明治九年古川正雄等組織樂善會遂立訓盲院於精養軒至十三年復許啞生入學十七年改稱訓盲啞院二十年改稱東京盲啞學校二十三年始遷於今地學科均分尋常技藝二科盲生尋常科目爲國語算術講談體操技藝科目爲音樂鍼治按摩啞生尋常科爲讀方習字作文算術筆談體操技藝科爲圖畫雕刻指物裁縫修業均限五年在校生徒現共二百八十餘人內七十餘爲盲者餘俱啞者教授之法啞者以形濟聲盲者以聲濟形校中傳號盲生以鈴啞生以旂標識分明丹黃數色將課時教員以手揮旂爲導眾從之入室則教員以手作勢或書石板示之諸生解者亦舉手相效或據案急書盲者教室几皆順列無雜排者諸生扶壁就坐靜聽教員講授教員亦有盲者輒戴眼鏡遮之盲人能習算作文

其字皆用錐作點於紙成凹凸形縱橫摩挲即得文義教室羅列模型地
圖每講地理亦以手按之校長以盲人教育訓盲字母盲人句報及啞生
所繪扇分贈予等予及積餘各捐贈十元分教人各一元　旁午遊植物
園園本德川氏別墅廣十餘萬坪近政府以其地爲公園置大學理科植
物學教室於其中是日大學特派一生導予等往觀初至事務室題名次
觀圖書室其書皆西文廊下列草木數十種浸以藥水鮮妍如在土中次
至講義室室中懸植物圖無慮數百幅縱橫錯雜多繪卉木文理次至標
本室列櫥數十庋木片及乾葉區分類別皆有標識次至實驗室有一生
以盂水浸蠶豆未知作何試法次至養花溫室一啟戶熱氣逼肌骨脫帽
揮扇猶不可耐室中滿植花樹大半不知名者蘭蕙多至數十百種或寄
生於樹或倒浸於水或作紅紫色或作純白色詢之導者多臺灣產也大
學生徒到此處處實驗視讀尋芳譜南方草木狀諸書殆過之矣有樹五

皇太子手植園以闌甚寶護之循坡陀下徑盤曲聞雨聲是處瀑布數丈有小池有茅亭容可暫憩四望皆古木緑雲如幕時鳥變聲佳境也典園者云此卽德川氏故居

二十日乙巳晴　至京橋區觀商船學校該校在海濱分航海機關兩科講堂上有月島丸諸生徒象月島丸者去歲駛赴北海遭風覆沒不知所終者也今貌此懸諸堂以示記念日本鼓舞人心率類此前者覆後者復前宜哉校外有天文臺一氣象臺一刻鳩工尚未成有船隖隖有練船專供該校學生練習之用曰明治丸以明治天皇曾趁是船也學監大塚錄五郎特導予等循覽一周　午後至水產講習所該所分撈魚養殖製造三科有煮鹽者製革者（取海獸皮爲之）蒸蠟油者及結網製罐之屬多用汽機其實驗室几案隅必寘自來水管以便湔濯另有實習處在各海島（學生在所習二年到實習處習一年）規橅壯闊尤過商船該所長爲牧朴眞君導觀畢語予輩云早

歲遊歐美徧采各國之長至此薈萃之日本前十餘年曾有漁業學堂辦法未備洎今日庶臻完善焉夫殖財興利國家要圖至水產不過興利中一端耳然去歲掛辦時政府頒發一百六十萬圓曾不少吝覘國是者卽此可知其所繇興矣　馮立甫譯小學堂章程來

二十一日丙午晴　至本鄉區觀第一高等學校各國學制普通學至中學校而止高等學校則大學之豫備科也日本全國高等學校凡八區課程大致相同攷文部省令高等學校大學豫科之學科分爲三部第一部課法科大學及文科大學志望者學科爲倫理國語及漢文外國語歷史論理及心理法學通論體操第二部課醫科大學之藥學科工科大學理科大學理工科大學及農科大學志望者學科爲倫理國語外國語數學物理化學地質及鑛物圖畫體操第三部課醫科大學志望者學科爲倫理國語外國語羅甸語數學物理化學動物及植物體操各科修業均三

年該校經始於明治八年稱東京英語學校十年改稱東京大學豫備門十九年改稱第一高等中學校二十七年始改稱第一高等學校教員七十八生徒九百六十餘人中國留學生四人韓國留學生一人是日該校教授今村有鄰導觀各處均未見師徒講授惟化學教室方開講至定性分析室有一生然煤火燒玻璃引爲細管旋吹其端作圓泡據云玻璃者火紅而不熱以製瓶管可任意爲方圓形予思此物非難製而中國近辦學堂所需化學器具玻璃瓶管則一工人足矣何屑屑輸金幣於外國爲該校有圖書室又有書庫今村君導予等往觀則圖書集成二十四史皇清經解及各家詩文別集總集皆備中國藏東西各國之書未能如是之多也

廿二日丁未雨　觀郵便電信學校是校建於明治三年二十三年更添電話學（即中國所謂德律風）郵便學科爲作文數學英語法律郵便電信行政內國

郵便外國郵便爲換貯金出納事務統計兵式體操佛語隨意十二科電信學科爲作文數學英語圖學電氣學電信工學附電語電氣通信校術電氣實驗內國電信外國電信兵式體操十科初入至參攷室見各種電機電燈生電機無綫電報海底電綫（海綫敷設浮於上者也較粗以有浪衝激）查海綫斷絕機器繼至電話實驗室學生彼此用電話傳語電話機有二綫綫必連以電池借電力以傳話一人以機拆視上有二口一可容洋銀五分一可容一角按數投下卽入機內若互易投之卽有機撥出投時一角與五分之聲迴別可聞而知投者不能作僞又至電信實驗室分二處一爲三年生一爲一年生三年生以英字傳電一年生以日本字傳電電信機係以手按機上活栓此端按爲點或按爲直書彼端有短針應之傳其點畫於綫上綫連於電池以電力傳至受信機機上發聲短者卽點長者卽畫合點畫計之卽電碼也一學生按機發電一學生聽聲記碼譯出所以資練習也

校長岡光君稱是校人數凡三百餘居寄宿舍者有百五十餘人在校學生每月官給月費八元每年仍繳學費廿元或廿五元衣服飲食概取於校內卒業後報効國家五年月俸只二十元五年後再優給薪水校中經費年約十餘萬通國只此一所並謂中國人來學當與本國學生一律看待

廿三日戊申晴　訪竹添君不值　晚又雨

廿四日己酉晴　約吳瀚濤卞薇閣王惕齋葉樹濤飲偕樂園

廿五日庚戌晴　觀宏文學院院中本科學科爲日語算術博物化學圖繪體操師範學科爲師範講義算術博物物理化學體操警務學科爲讀本會話世界史算術文法地理警務體操本科每週授業三十七時師範三十四時警務三十三時本科科目雖簡而日語教授時間獨多蓋以地理歷史各書教授日文又以日文改爲日語故各學科不必另教而學者

於日文日語均已透徹也　此校嘉納君剏設以待中國留學生章程未臻美備而教員多專門教育家誘啟生徒極有成效湖北師範畢業生近輯師範講義頗有心得　午後至小石川區新築高等師範學校鳩工庀材猶未竣事嘉納君導觀各處云校中敷地約三萬坪建築經費共用四十五萬圓東京學校以此校及高等工業爲最新最鉅工業校舍不能如師範之閎大而精緻過之南京新築三江師範學堂未知視二校若何也

廿六日辛亥雨　午後至牛込區觀早稻田大學校爲大隈伯重信私立分大學專門二部大學分政治經濟法學文學四科專門分政治經濟法律行政國語漢文歷史地理五科生徒千餘每教室均足容一二百人大講堂則容三四百人學監高田早苗君導觀各教室均以英語講授最後至一室則教中國語者教員執卷道中國市井俚語諸生譁然應之鉤輈格桀摹擬不甚肖此亦與華人之學西語同也校中圖書樓藏書七萬餘

卷諸生閱書則司書者以轆轤上下之　謁大隈伯於其宅宅甚宏麗非復東人狹小之風門二銅人尤奇偉伯出見衣履樸素形狀蒼老儼然一苦行僧伯素多疾不良於行扶杖蹣跚而禮待頗殷談次極道中國舊學之不可廢謂予等主張教育宜勉强學問參酌中西合同而化之語頗懇摯

廿七日壬子晴　至上目黑村觀農科大學該校數地十七萬九千三百七十五坪有農藝化學教室獸醫科學教室時正醫病兔動物學教室養池魚養蠶室養蜂室家畜舍農具置場水田耕穫均學生爲之桑園并聞北海道有演習林供學生研究經營穡事可謂詳且盡已　長岡子爵護美招同積餘飲偕樂園过武雄馮立甫同席卽席賦詩依韻答之

廿八日癸丑晴　至本鄉區觀東京帝國大學大學生徒雖多而課程甚簡學者自就所學研究無待教員一一指授故觀大學與觀普通專門學

校迥異諸校可觀教室講授大學只能觀陳列室而已外部訂期分兩日
觀各科是日先觀工科理科工科列品室七一土木工學二機械工學三
造船學四電氣工學五建築學六應用化學七采礦及冶金學土木工學
列品室有關於鐵道橋梁運河港灣水道下水等標本模型二百三十餘
具各國土木工所用之物羅列靡遺導者以剖形塔燈眎予中分六級級
有螺旋梯戶牖燈燭皆備八處其中可然燈於外曩者海上見塔燈表面
初不知其中有如許機關也機械工學列品室有關於工學各種機械器
具及蒸氣機關之模型並試驗强弱度材料之標本等二千四百四十餘
種造船學列品室有關各種軍艦商船及船用機關等之模型標本並參
考圖千二百四十餘種導者以汽船機關一一拆卸示予等又以各種圖
繪指示皆微妙不可思議電氣工學列品室有關於電信電話電燈電力
之各種模型標本器械一千五百五十餘種建築學列品室有內外家屋

及耐震家屋之模型並建築諸式之標本圖畫模型臨本四千八百五十餘種應用化學列品室有關於應用化學之器械模型各種原料並製產品等之標本四千七十餘種采鑛及冶金學列品室有關於鑛物地質鑛牀試金采鑛撰鑛冶金諸科之模型標本並器械一萬二千四百三十餘種悤遽一過均未細覽　午後觀圖書館館中藏書共三十三萬餘部取書之法與早稻田略同理科大學列品室三一動物學二地質學三人類學動物學教室所陳標品凡六千餘種內分鳥魚爬蟲兩棲甲殼輭體貝蟲等類多普通博物館所未有地質學列品室有地層史標品三千五百餘種古生物標品千二百餘種鑛物標品二十餘種岩石標品千六百餘種內國岩石鑛物及化石標品一千餘種其中以讚州小豆島海中網得龍頭骨爲最奇餘如鯨頭骨鯨化石及地球外皮皆各校標本室所無也人類學列品室樓上下凡八室樓下第一室陳本邦石器時代之遺物第

二室陳本邦石器時代遺物之精細者第三四室陳列諸外國發見之古器物樓上第一室陳北海道本島千島土人之風俗習慣諸標品第二室陳臺灣諸種族之風俗習慣諸標品第三室陳馬來諸島土人南洋諸種族北美洲北方諸種族之風俗習慣諸標品第四室陳琉球高麗及中國人之風俗習慣諸標品內如古代石鏃及琉球結繩皆中國好古家所願觀者出陳列室爲人類學教室懸人種圖數十幅示太古時代由猿化人之理導者云非洲至今有類猿口能言手能製物而毛猶未脫蓋人未開化之證東壁列木架兩排架六層層六格每格列髑髏一皆各國死人骨也教室外爲研究室有貴州苗人衣服及古代埴輪土偶之類次至地震學實驗所亦理科所屬也教師大森房吉君以地動計錄震器及考查地震之圖書器械雛形等示予因言中國地震由三代至明皆有可考惟本朝無之予告以欽天監當有報告及調查書民間未有專攻地震者也觀

畢日已暮卽回　竹添君嘉納君招飲積餘白河松江賢哲同席見示宋
元本數十種日本藏書家美富如此想亦不多見
廿九日甲寅晴　續觀大學理科教員實驗化學列瓶水四以鹽酸投之
色旋變條藍條紅不可名狀尋至標本室觀陳列毒藥瓶次至光學教室
試透光鏡嚴閉各窗惟漏一圓孔透日光於屋梁以玻璃鏡承之復以古
銅鏡一枚斜對圓鏡則鏡後紋理字跡俱現於屋角試者云尋常之鏡不
能見背者光力不足也光力既足則凡有孔之物皆能照見其背纖悉無
遺中國骨董家所謂透光鏡也試者又以圓鏡四重對立以一三角鏡置
其中使予等視之三角鏡條變為紅綠色殆卽墨子所謂二光夾一光者
歟次至一室試愛克斯光線扃室如前無一隙透光處然後以電氣發光
承以黃玻璃鏡使人張手於鏡後自前觀之則手指中筋骨畢現嗣又以
一木匣盛畫圖器具照之鏡中惟見刀錐不見有匣蓋人之膚肉及布棉

紙木皆有空隙透光光力既足自見其中所有與照鏡背之字同一理也
理科閱畢至醫科內科病室病人多偃臥每室有看護婦看護另二室尤
潔清室設一榻煖爐水管均備導者云病者出資就醫則獨居於此病貧
每人日三元其雜居者皆不出資者也次至醫室中列榻椅環榻置諸生
坐次層級而上累八級及屋顛教員講授則置病者於榻親爲解剖診視
諸生据案從高下視視諸校理化教室尤便焉　次觀法科文科大學六
科中惟文法合併一處至法科列品室有古刑人刀有罪人僞造紙劵有
各國曬場雛形曬場者建一亭置犯其中穴木爲圜式壓其頸西國最重
之刑也至法科研究室四壁均懸圖又至史料編纂掛屬文科法文兩科
講堂大足容六七百人閱至此日將晡矣別外部譯員岩村君歸學堂之
觀遂畢於是
三十日乙卯晴　宴長岡君辻武君於偕樂園馮立甫張小樓作陪　長

岡贈尙書注疏　晚設宴於帝國旅館延岡田君伊澤君嘉納君阿多君
鳴謝兼話別岩村白河姚文甫馮立甫張小樓柳翼謀六君作陪
三月丙辰朔　辭行　晤蔡公使　檢行李　伊澤修二來談
二日丁巳晴　發行李赴橫濱上宏濟丸　舒伯琴因病未偕願附船行
馮立甫招同人在紅葉亭餞行　酉刻赴新橋上火車送至火車棧者嘉
納君阿多君辻武君岩村君蔡鼎臣國器卞薇閣姚文甫王惕齋葉樹濤
馮立甫　距橫濱不遠張賡三來話別
三日戊午雨　八點鐘到西京寓柊屋別莊　飯後偕白河遊東山山下
有太極殿仿東京皇宮爲之頗壯麗上山至南禪寺水聲潺潺出夾道石
罅松杉纍歷蔽虧霄漢寺旁有高樓榜楹曰大施餓鬼執行白河君云寺
本弘安時離宮昔石川五衛門曾据此樓與豐臣秀吉之兵大戰被禽遂
烹以死循南禪寺而行歷級數十層至懸崖見澗水一泓清鑑毛髮過磵

行數十武有巨閘束水使直下大聲砰訇白波如簾噴灑崖際白河云此水源出琵琶湖鑿山通道引之上山復自山頂分二派流之他方名曰疏水疏水可以便輸運又能起電機西京全境工藝場電機之原動力大都賴此水過閘見鐵路分植水中一木船乘鐵機循路上下不用人力此山高百數十丈水皆直瀉句配甚急而山中材木朝夕采伐皆藉此船行於鐵道運輸之便斯之謂矣道旁有碑書一身殉事萬戸霑恩八字蓋爲當日疏水工師以死勤事者紀念据碑陰文此工經始於明治十二年用金十餘兆云觀水畢驅車下山過八阪塔甚峻麗不及登尋至青蓮院拾級上層樓巍然壓山腹購劵登樓樓凡三層首層供佛百數十尊餘空空無他物楣間有扁大書華頂山三字下視萬山俱在足底雲煙杳靄樹石蒙籠予笑謂白河君曰今日中歷上巳辰也古人臨流祓禊今乃冒雨登高亦東游佳話也下樓復攀石砌上出砌盡見大佛殿復上數十級至山巔

有鐘堂懸巨鐘高丈八寸徑九尺厚九寸五分銘六字曰石號靈巖天筆
蓋寬永年間物也鐘堂簷下有婦孺售茗菓掇榻小坐下山更遊清水寺
寺有清水自巖際出奉佛者嚴寒甚暑至寺中祈禱必浴水以明其衷云
正殿奉觀音旁建一閣曰普門閣道九十級較青蓮院之高過之予等乘
火車徹夜未眠初至太極殿意頗倦至是瀏覽景光頓覺神旺
四日己未晴　赴大阪住北區小川平助旅店　午後至南區四天王寺
觀博覽會日本自明治十年仿西洋各國之法開內國勸業博覽會於上
野公園其後十四年廿三年兩開會於上野公園廿八年一開會於西京
故此會名第五回內國勸業博覽會會中敷地第一回僅二萬九千八百
坪此次增至十萬坪開場日數第一回僅百二日此次增至百五十三日
二十餘年之中工商業之進步實可驚羨此會出品分農業及園藝林業
水產采鑛及冶金化學工業染織工業製作工業機械教育學術衛生及

經濟美術工藝十部彙爲八館一農林二水產三工業四機械五教育六美術七動物八水族外設通運及參考二館通運館陳列關於運輸交通諸般之品參考館則陳列外國采取及出產之物可資產業上之參考者予等僅至工業農林教育機械通運參考六館約略一過各館陳物無美不備吾國出品在參考館者若磁器若漆器若綢緞均用舊式未能推陳出新較之各國之物均覺瞠乎其後至機械教育則並不能以一物爭勝可慨也

五日庚申雨　至江楚出品事務局訪李君拔可汪君福生二君呼車偕赴會所復閱工業參考二館　午後遊美術人類二館美術館皆美術學校所曾見者特增古畫數種而已人類館陳列臺灣北海道印度瓜哇非洲諸野蠻人并仿造其居處食用等物以供遊博覽會者研求學術之餘興蓋亦大學之講人類之意聞日本政府初欲取中國吸鴉片煙及纏足

入引入此館嗣經本國商人請公使向政府力爭始寢其事然臺灣人語
言形狀與中國無異又有一婦靚妝豔飾纏足如弓端坐館中任人注視
其狎侮吾同種至矣苟有血氣能無憤恨而坐視國人死守舊習而不變
哉
六日辛酉晴　赴神戸西京至大阪與大阪至神戸皆一時許　午後宏
濟丸至　舒伯琴病稍愈行李俱齊　晚上船
七日壬戌晴　午前十時啟輪
八日癸丑晴　抵馬關　晚見南山山火
九日甲子晴　抵長崎　見領事鄒筱村復晤山東委員何志霄觀察承
燾蓋赴商會者
十日乙丑晴　無風較來時尤平
十一日丙寅晴　到吳淞口　巳刻到埠　化學器械均爲洋關扣留五

日後由關道給信方提出並索費無理紛擾百倍日本矣

日本訪書記

日本東京書籍鋪最多專售舊本書者以下谷區仲之池町琳琅閣爲最余與積餘兩次往訪得舊鈔本續資治通鑑明弘治本黃山谷全集洪武本理學類傳活字本五百家注昌黎集又有高麗本草堂詩箋字迹極雅惜有缺佚議價未成積餘得後村千家詩選宋本亦缺十卷　淺倉文淵堂在淺草區購得明萬厤本翰墨大全廿六册繼又得舊鈔醫書十餘種皆小田氏一家所藏鈔校皆精淺倉前最有名近稍衰　文求堂在本鄉區曾三訪之得元至大本中州集舊鈔本楊誠齋集一百卅三卷每卷後有嘉定元年春三月男長孺編次端平元年夏五月門人羅端良校正與楊星吾同年訪書記合詩文俱完並非僅刻詩集也又得活字本左傳杜注明刻本古今游名山記梅鼎祚樂苑　西京文求堂在寺町通（與東京文求堂一家）得日本古金石五册磚瓦搨本一册　竹苞樓亦在寺町通得尚書宋

刊本首尾完善裝潢精緻古香撲人洵非易覯　西京書鋪尙多聞大阪之齋心橋亦多古籍惜爲日無幾歸期促迫未能徧訪也

日本竹添漸卿進一郎所藏宏富出眎多種聊志其目

卷子本

漢書揚子雲傳不全

字作褚體類唐人寫經

宋刻本

毛詩正義四十卷缺前六卷

半葉十五行行廿五字卷末有紹興九年九月十五日紹興府雕造

校對官有韓彰穆淮二行營幹雕造官有曾掞白彥良二行

草書禮部韻寶

半葉五行行十字書衣題高宗御筆草書韻寶欄上橫書與畊書堂卷末二行

承議郎權發遣湖州軍州兼管內勸農事借紫臣陳汶謹識宣義郎
簽書昭慶軍節度判官廳公事臣趙與懃監刊
二書皆我國所無
大學衍義四十三卷
半葉十一行行廿一字序半葉十二行行廿二字
成元英注莊子五卷
半葉六行行大字十五小字二十郎黎星使所刻新見君藏本胡蝶
裝如故也
廣韻五卷
北宋本半葉十行行二十字
御覽五百十二卷
半葉十三行行二十三字

元氏長慶集三十卷

半葉十行行二十一字

元刻本

南村輟耕録三十卷

半葉十二行行廿五字

玉篇三卷

半葉十三行行廿三字序十行行十九字至正丙申孟夏翠巖精舍

刊

郭注莊子

半葉十行行十七八字不等

唐詩鼓吹十卷

半葉十三行行廿三字資善大夫中書左丞郝天挺注積善堂刊

事文類聚六集
半葉十四行行二十六字泰定丙寅廬陵武溪書院新刊
翰墨全書十集
半葉十四行行廿八字
韻會舉要三十卷
半葉八行小字雙行行廿二字
左傳句解七十卷
林堯叟元書未記行款
黃山谷集
半葉九行行六字五山板五山五丈寺也
又有文選毛詩左傳孟子均慶長本唐人寫經五六卷收藏可謂富矣東
京古城君貞吉約觀所藏古錢大阪內藤君虎次郎約觀所藏舊書均因

病未赴殊歎然也

宋咸平中日本僧奝然獻鄭康成所注孝經乃中國所亡失者是歷史中知日本藏書之始讀書敏求記所載古鈔正平本論語云行間所注字罕有識之者卽旁注和文以遵王之淹雅至以此爲高麗本其爲難覯可知乾隆中葉山井鼎七經考文魏鄭公羣書治要稍稍流傳汪翼滄得梁皇侃論語義疏十卷於足利學浙撫王亶望刻之後歸鮑氏（初印本卷一銜名三行首魏何晏集解次梁皇侃義疏三行王亶望校刊王伏法後板歸知不足齋改三行爲二行而削去王名）嘉慶時日本天瀑山人活字印佚存叢書類皆吾國無傳本者學士大夫訪求益切而孝經鄭注孔傳作僞者亦閒出焉光緒辛巳黎星使（庶昌）刻古逸叢書徐星使（孫麒）刊經籍訪古志楊惺吾同年（守敬）所得尤多陸續有日本訪書志留眞譜之刻海內驚傳望之爲琅琊宛委於是過東瀛者無論知與不知必購數種以壓歸裝而

日本市中漸稀如星鳳矣荃孫來東句留未久所得見者僅此數十種不足爲方家一哂然已有中土所未有惺吾所未見者昔章實齋進士與阮文達書海外番舶如日本琉球頗用重價購書江浙之閒有司不甚稽察所關匪細應嚴飭關吏搜查海船毋許私販今則寰海開通正藉彼此補苴以期完善則昔之連艫而東者今何必不捆載而西也哉大約古鈔卷子本爲上宋元舊刻次之繙刻本而未加和文者次之活字本次之影寫者次之分類以求謹以告東游好古之士繆荃孫識